일본 사회의 서벌턴 연구 2

사회권력과 서벌턴

한국외국어대학교 일본연구소
일본사회의 서벌턴연구 총서 02

일본 사회의 서벌턴 연구 2

사회권력과 서벌턴

이경화 · 김영주 · 오성숙 · 강소영
금영진 · 이권희 · 김경희

제이앤씨
Publishing Company

머리말

'동아시아의 호모커뮤니쿠스' 문화를 선도하는 한국외국어대학교 일본연구소는 1990년 정식 발족하여 일본의 언어, 문학, 문화, 역사, 정치, 경제 등 인문·사회과학에 관한 종합적인 연구를 통하여 한국에서의 일본 연구뿐만 아니라, 학술지 간행, 학술대회 개최, 다양한 공동 연구 수행을 통해 동아시아 지역 상호 간에 지속 가능한 소통과 상생을 위한 다양한 학술·연구 활동을 전개해 오고 있다. 본 연구총서 <일본 사회의 서벌턴 연구 2－정치권력과 서벌턴>은 본 연구소가 2019년 <일본 사회의 서벌턴 연구: 동아시아의 소통과 상생>이라는 주제로 한국연구재단의 인문사회연구소지원사업(1단계 3년, 2단계 3년 총 6년)에 선정되어 진행하고 있는 공동연구의 결과물을 엮은 것이다.

본 연구팀에서는 연구과제에 참여한 연구진의 연차별 연구성과 및 연구소 주최 학술대회와 콜로키엄에 참가한 외부 연구자와의 교류 성과를 모은 연구총서를 1년에 1권씩 6년간 총 6권을 간행하여 연차별 연구주제에 관한 연구성과물을 유기적으로 엮어냄으로써 본 연구과제의 목적과 성과를 명확히 하고, 이를 외부로 발신하여 제 학문 분야에서 활용할 수 있는 기초적 자료를 제공하고자 한다. <일본 사회의 서벌턴 연구 2-정치권력과 서벌턴>은 7인의 전임 혹은 공동연구원의 연구성과물을 엮은 그 두 번째 결과물이다.

본서 수록 논문을 간략하게 소개하면 다음과 같다.

이경화의 <여성의 신체에 대한 담론의 구조-일본 신화와 부정관설화를 중심으로>는 현대 일본 사회의 여성 차별, 특히 공적 의례의 장에서 공공연하게 행해지는 여성에 대한 차별과 배제의 저변에 자리한 부정(不淨) 관념에 대해 계보학적 방법으로 접근한 연구이다. 여성에 대한 차별 담론의 기원이라 할 수 있는 고대의 여신 전승과 중세의 부정관(不淨觀) 설화를 분석해 여성의 신체를 철저히 대상화하여 부정시하는 담론이 정치적 사회적 장에서 여성을 억압하고 차별하는 권력으로 기능하고 있음을 논증하고자 했다.

김영주의 <세미마루 전승 고찰-장애에 대한 사회의식을 중심으로>는 등장인물의 장애를 중심으로 세미마루 전승을 통시적으로 고찰함으로써 장애에 대한 일본의 사회의식에 대해 생각해 보고자 했다. 세미마루와 관련된 전승은 헤이안 시대에 등장한 이후 설화집과 가론서(歌論書), 기행문과 신사의 연기담(寺社緣起) 등 폭넓은 분야의 문헌에서 다양하게 전개되었으며, 가면극과 인형극의 소재가 되어 무대에서 공연되기도 했다. 등장인물의 신체적 장애에 대한 표현과 시대담론에 초점을 맞춰 헤이안 시대부터 근대까지 세미마루 전승을 통시적으로 고찰함으로써 장애에 대한 부정적 사회의식이 세미마루 전승에 미친 영향을 밝히고자 했다.

오성숙의 <사회적 차별과 서벌턴(나가사키 피폭자)-가톨릭 신자 나가이 다카시(永井隆)의 『나가사키의 종(長崎の鐘)』을 중심으로>는 원폭

기록의 원전이라 불리는 나가이 다카시의 『나가사키 종』을 중심으로, 나가사키에 원폭이 투하된 피폭자의 서벌턴적 상황을 고찰할 것이다. 당시 나가사키에는 우라카미의 기리시탄 후예의 마을과 피차별 부락에 집중된 원폭 피해 상황에서 '천벌'이라는 사회적 담론이 형성되었다. 독실한 가톨릭 신자 다카시의 신의 섭리, 신의 은총, 일명 우라카미 번제설은 피폭사한 기리시탄 후예의 '천벌'에 대한 대항 담론이라고 할 수 있다. 일명 나가사키 피폭자로 불리지만, 실은 나가사키에서 소외된 서벌턴 우라카미 피폭자로, 그들은 일본에서 정치적, 사회적, 종교적 박해를 받은 기리시탄과 피차별 부락민이라는 차별에 더해, 원폭이 더해지는 이중의 사회적 차별(사회권력)에 노출되어 있음을 논했다.

강소영의 <히로시마·나가사키의 피폭 조선인 표상-'까마귀'를 중심으로>는 평론가 이시무레 미치코(石牟礼道子)의 피폭 조선인 기록과, 일본의 피해자성과 가해자성을 동시에 언급할 때 종종 인용되는 구리하라 사다코(栗原貞子)의 「히로시마라고 말할 때(<ヒロシマ>というとき)」, 「돌 속에서 (石のなかから)」라는 시에 나타난 피폭 조선인 표상에 대해서 고찰하는 것이다. 회화 쪽은 마루키 이리·도시(丸木位里·俊) 부부의 <원폭도(原爆の図)>시리즈 14부 「까마귀」(1972)라는 작품을 분석대상으로 하여 피폭 조선인을 회화에서 표상할 때는 어떤 기억의 소환이 작동되는지를 살펴보고자 했다.

금영진의 <일본 시민단체 '제로 회의'의 아동학대 가해 부모 지원방식을 통해 본 서벌턴 상생의 가능성>은 일본 시민단체 제로 회의(ゼロ会議)에서 추진하고 있는 오사카후(大阪府)에서의 아동학대 사

망 제로 운동 방식을 검토하고, 이를 참고한 학대 가해자 지원방식에 대해 고찰하는 것이다. 아동학대 피해자 지원을 아무리 강화해도 피해자가 줄지 않는 근본적인 이유는 가해자가 줄지 않기 때문이며, 가해자는 학대 피해자였던 경우가 많기에 가해자 엄벌보다는 피해자와 가해자 양쪽 모두를 살리는 공생의 관점에서 아동학대 문제에 접근할 필요가 있음을 주장한다.

이권희의 <서벌턴으로서의 '재한 일본인처'>는 일제 식민통치 시대의 지배와 피지배라는 관계 속에서 계급, 성(gender), 민족, 언어, 문화 등의 면에서 '말할 수 없는' 사회적 약자로 살아갈 수밖에 없었던 재한 일본인처를 분석의 대상으로 하여 이들의 하위주체로서의 삶을 조명하고, 사회·문화적 주체로의 전환의 가능성과 한계에 대해서 분석·고찰하고 있다. 이는 국가와 민족이라는 거대 담론 형성과정에서 한일 양국 모두에게 배제되고 도외시되었던 서벌턴으로서의 재한 일본인처의 삶을 한일 양국의 공적 기억으로 자리매김하고자 하는 시론이다.

김경희는 <일본 다문화공생 이념의 논리와 상생으로의 전환>에서 공생(共生)이란 개념이 국적·민족·언어·문화가 서로 다른 사람들이 함께 살아간다는 의미를 담고 있으며, 일본의 다문화공생이 외국인을 단순히 지원의 대상으로만 보지 않고 공생의 대상으로 규정했다는 점에서 일본의 외국인 수용정책에 커다란 전환점이 되었다고 평가한다. 이같이 공생은 단순히 낯선 이(타자)들을 지역의 주민으로서 받아들이는 것으로 실현되는 것이 아니라 공생하는 사람들 간의 관계가 어떻게 형성되는가 하는 점이 중요하다. 그런데, 일본 다문화공생의 논리를 살펴보면, 서로 상생할 수 있는 대등한 관계가 언급에 그치고 있으며 그 의미도 매우 모호하다는 것이다. 이것을 해결하기 위해서는 주체와 타자와의 관계에서 주체의 자리를 내어주고, 자기동일성을 파괴하는 적극적인 주체의 참여가 요구된다고 결론짓고 있다.

한일 양국의 서벌턴 문제는 역사적 사건을 공유하며 정치·경제적으로 복잡한 관계망 속에 초국가적으로 얽혀있다. 서벌턴은 시대와 지역을 막론하고 사회체제의 최하층과 말단 주변부에 존재해 왔으며 지금도 존재하고 있다. 이에 한일의 역사적, 문화적 특수 관계 속에서 핵심 관련자인 일본의 서벌턴 문제에 천착하여 창출한 연구성과를 엮은 본서는 궁극적으로 한국 사회의 서벌턴 문제를 이해하고 해결할 수 있는 단서를 제공할 수 있을 것으로 기대한다.

마지막으로 연구자 여러분과 이 책이 세상에 나올 수 있도록 출판을 허락해주시고 이렇게 멋진 책으로 만들어주신 제이앤씨의 윤석현 대표님, 실제로 실무 작업을 맡아주신 최인노 과장님께 감사의 마음을 전한다.

2022년 5월
연구진을 대신하여
문명재

9

차례

여성의 신체에 대한
담론의 구조
일본 신화와 부정관설화를 중심으로

이 경 화

1. 머리말

일본 사회에는 전통 문화라는 미명하에 스모(相撲)의 도효(土俵)를
비롯해 일본 각지의 유명한 산악과 영장(靈場), 그리고 신사와 사찰
등에서 여성의 출입을 금하는 여인금제(女人禁制)가 현재도 여전히
존재한다.[1] 여성이 이렇게 오랜 세월 공적 영역에서 차별과 배제의
대상으로 간주되게 된 연원에는 부정(不淨)한 것을 꺼리고 기피하는
'게가레' 관념이 존재한다. 주로 '더러움'을 의미하는 한자 '예(穢)'

1　아마 도시마로 저, 정형 역(2007) 『천황제 국가 비판』, 제이앤씨, pp.26-36.

로 표기되는 게가레는 월경이나 출산으로 인해 피를 흘리는 여성, 죽거나 병에 걸린 사람, 도축된 동물의 사체, 각종 배설물 등을 불결한 것으로 여기는 종교적・민속적 관념이다.[2]

이 '게가레'는 전염병처럼 옮는 것으로 간주되기 때문에 부정한 대상과 접촉한 사람은 물론, 부정을 탄 공간 안에 있던 사물들까지도 오염에서 벗어나려면 정화(淨化)의 절차와 더불어 일정 기간 격리가 불가피하다. 결국, 자연 및 인간의 안녕과 질서를 깨뜨려 위험을 초래할 수 있는 여러 가지 요인들을 부정한 것으로 간주하고 기피하는 '게가레'는 자연스럽게 여러 문화적, 사회적 영역에서 여성을 배제하는 차별로 이어졌다.

이렇게 여성을 격리해야 할 부정한 존재로 간주하는 인식은 일찍이 고대의 신화와 전승을 기록한 문헌신화로까지 거슬러 올라갈 수 있다. 특히『고사기(古事記)』『일본서기(日本書紀)』등에 보이는 여신의 신체와 관련된 묘사는 여성의 몸을 철저히 해체하고 타자화 하여, 부정함과 불온함을 극대화함으로써 여성에 대한 혐오와 공포의 이미지를 강화하고 있다. 그리고 '부정한 여성의 신체'라는 이러한 차별적인 시선은 중세의 부정관(不淨觀)설화, 나아가 근세의 수많은 문학작품과 예능 콘텐츠를 통해 더욱 증폭되고 강화되면서 오늘날에 이르렀다. 여성에 대한 이러한 부정적인 인식은 현재까지도 여전히 살아남아 일본 사회 저변에 뿌리 깊은 영향력을 발휘하고 있다는 점에서 체계적인 연구와 이해가 필요한 문제라고 하

---

2 網野善彦(2005)『日本の歴史をよみなおす』, 筑摩書房, pp.89-91.

지 않을 수 없다.

여성 차별의 문제를 '게가레'와 관련해 심도 있게 분석한 국내의 선행 연구로는 허영은의 「헤이안시대 여성차별과 하시히메전승」을 들 수 있다. 이 논문은 9세기경 여성의 출산, 월경으로 인한 혈예관(血穢れ)이 여성을 정치, 문화면에서 철저히 배제시켰다고 분석한 니시야마 료헤이(西山良平)의 연구[3], 헤이안시대 이후에 여성의 지위가 하락한 요인의 하나로 부정관에 따른 여성 멸시현상을 지적한 세키구지 히로코(関口裕子)의 연구[4] 등을 토대로, 헤이안시대 여성 요괴의 등장 배경과 여성 부정관의 형성과정을 검토하고, 이것이 중세 이후 심화되는 과정에 대해 면밀하게 고찰했다.[5] 그러나 주지한 바와 같이 여성의 신체에 대한 부정관은 이미 신화 텍스트에서부터 뚜렷하게 드러나 있고, 이것이 중세의 부정관설화 등 이후의 문예로 계승되고 있다는 점에서 볼 때, 더욱 확장된 시각과 면밀한 분석이 필요하다고 할 수 있다.

따라서 이 글에서는 이러한 문제의식을 가지고 현대 일본 사회에서 하나의 문화권력으로 작동하며 여성에 대한 차별과 배제의 근거로 기능해온 부정관에 관하여 신화 및 중세의 부정관 설화 안에 나타난 여성의 신체에 관한 담론을 중심으로 분석하고, 그 안에 담긴 여성에 대한 억압과 소외의 구조를 고찰해보고자 한다.

---

3 西山良平(1990)「王朝都市と≪女性の穢れ≫」『日本女性生活史 原始・古代』, 東京大學出版會, pp.181-216.
4 関口裕子(1983)「古代における女性差別」『歴史公論』97号, 雄山閣, pp.102-106.
5 허영은(2017)「헤이안시대 여성차별과 하시히메전승」『일본학연구』51, 단국대학교 일본연구소, pp.147-168.

2. 부정한 여신의 신체

일본 신화에는 다양한 여신들이 등장하지만 가장 먼저 강렬한 존재감을 드러내며 깊은 인상을 각인시키는 여신은 이자나미라고 할 수 있다. 이자나미는 일본의 천지개벽신화에서 이자나기와 함께 신세7대 중 마지막에 생겨난 신으로, 이자나기와 부부가 되어 일본열도의 수많은 섬과 산천, 바다 등 삼라만상의 신들을 낳는다. 그러나 불의 신을 낳으며 음부에 화상을 입게 된 이자나미는 몸져눕고 결국에는 죽음에 이른다.

그런데 일본의 모든 국토와 모든 신들의 어머니인 이 여신에 관한 서사는 위대한 생명의 여신으로서의 면모보다 참혹하고 두려운 사후의 모습에 방점이 놓여있다고 할 수 있다. 특히『고사기』상권과『일본서기』의 신대(神代)에 기록된 이자나미의 사후 모습은 유독 여신의 신체를 섬뜩할 정도로 사실적이며 노골적으로 묘사하고 있다.

먼저 이자나미가 불의 신을 낳고 몸져눕게 된 후 죽음에 이르는 과정이 기술된 부분을 살펴보면, 이 신은 위대하고 신비한 힘을 지닌 여신이라기보다 난산으로 인해 몸이 망가지고 목숨이 위태로운 그저 한 사람의 여성으로 느껴질 만큼 그 표현이 매우 사실적이다.

다음으로 히노야기하야오노카미(火之夜藝速男神)를 낳았다. (중략) 이 신의 다른 이름은 히노카카비코노카미 또는 히노카구쓰치노카미 라 한다. 이 자식을 낳음으로 인해 이자나미노미코토는 음부가 타버리는 바람에 그만 몸져눕게 되었다. 그 때 이자나미노미코토가 토한 구토물에서 생겨난 신의 이름은 가나야마비코노카미(金山毘古神)였다. 다음으로 가나야마비메노카미(金山毘賣神). 다음으로 이 여신의 대변에서 생겨난 신의 이름은 하니야스비코노카미(波邇夜須毘古神). 다음으로 하니야스비메노카미(波邇夜須毘賣神). 다음으로 여신의 소변에서 생겨난 신의 이름은 미쓰하노메노카미(彌都波能賣神). 다음으로 와쿠무스히노카미(和久産巢日神). 이 신의 자식은 도요우케비메노카미(豐宇氣毘賣神)라 한다. 결국 이자나미노카미는 불의 신을 낳음으로써 마침내 죽고 말았다.[6]

여신은 '생산하는 어머니'로서의 기능에 치명적인 손상을 입으면서 인간에게 가장 중요한 문명의 요소인 불을 낳는다. 또 죽어가는 과정에서도 여신이 쏟아낸 구토물과 대소변에서는 인간의 삶에 필요불가결한 광산(鑛山)과 전답의 흙, 물, 누에와 뽕나무, 벼 등의 곡물과 관련된 신들을 탄생시킨다. 그러나 여신이 죽어가는 모습은 숭고하고 값진 희생의 서사로서 총체적으로 파악되기보다 음부, 구토물, 대변, 소변이라는 파편화된 육체의 이미지가 강렬하고 선명하게 부각된다. 분뇨와 체액이라는 노골적이고 동물적인 이미지에 의해 남편 이자나기와 사랑을 나누고 함께 뜻을 합쳐 국토를 낳았던 여신으로서의 이자나미의 인격은 어느새 자취가 희미해지고 만다.

---

6 山口佳紀外 校注・譯(1997)『古事記』(新編日本古典文學全集1), 小學館, pp.40-41. 이하『古事記』의 원문 인용은 본서에 의거함. 아울러 본 논문에 인용한 신화 및 설화의 한국어역은 모두 필자에 의함.

여신의 인격은 비가시화되고, 그 신체만이 물화(物化)되어 부각되는 묘사는 다음의 요모쓰쿠니(黃泉國) 신화에서 절정을 이룬다. 이자나미가 보고 싶어서 죽은 아내가 있는 요모쓰쿠니로 찾아간 이자나기는 어전의 문을 닫고 마중 나온 이자나미에게 "우리가 만들던 나라는 아직 완성되지 않았으니 함께 돌아가야 한다(吾與汝所作之國未作竟故可還)"고 말한다. 이자나미는 남편에게 함께 돌아가고 싶지만 이미 요모쓰쿠니의 음식을 먹고 말아서 요모쓰쿠니의 신과 의논을 해야 하기 때문에 그동안 자기의 모습을 봐서는 안 된다고 당부하고 다시 문 안으로 들어간다. 그러나 여신을 기다리다 지친 이자나기는 결국 금기를 어기고 불을 밝혀 안으로 들어가 여신의 처참한 신체를 목격하고 만다.

> 이자나미의 신체에는 구더기가 우글우글 들끓고 있었고, 머리에는 오호이카즈치(大雷)가, 가슴에는 호노이카즈치(火雷)가, 배에는 구로이카즈치(黑雷)가, 음부에는 사쿠이카즈치(拆雷)가, 왼손에는 와카이카즈치(若雷)가, 오른손에는 쓰치이카즈치(土雷)가, 왼발에는 나루이카즈치(鳴雷)가, 오른발에는 후스이카즈치(伏雷)가 있었다. 모두 해서 여덟 뇌신(雷神)이 생겨나 있었던 것이다. 이를 본 이자나기가 두려워 도망치자, 아내 이자나미가 말하기를 "감히 나를 욕보이다니."라고 하며, 곧바로 요모쓰시코메로 하여금 뒤를 쫓게 하였다. (중략) 마지막으로 아내인 이자나미가 직접 뒤를 쫓아왔다. 이에 이자나기는 거대한 천인석(千引石)으로 요모쓰히라사카를 가로막고, 그 바위를 사이에 두고 서로 대치하며 이별의 말을 주고받았다. 그 때 이자나미가 말하기를,

"사랑하는 나의 남편께서 이와 같은 짓을 하신다면 당신 나라 사람들을 하루에 천 명 죽일 것입니다."라 하였다. 그러자 이자나기가 말하기를, "사랑하는 나의 아내여, 그대가 정녕 그리한다면, 나는 하루에 천오백 개의 산실을 지을 것이오."라고 하였다. 이로 말미암아 하루에 반드시 천 명이 죽는 대신, 하루에 반드시 천오백 명이 태어나게 된 것이다. (중략) 이자나기노오호카미가 말하기를, "나는 아주 더럽고 추한 나라에 다녀왔으니 몸을 깨끗이 씻어 재계해야겠다."라며 쓰쿠시(筑紫) 히무카(日向)에 있는 다치바나노오도(橘小門)의 아와키하라(阿波岐原)라는 곳에 가서 미소기(禊祓)라는 정화 의식을 치렀다. (『古事記』상권)[7]

부패한 여신의 시신에 벌레가 끓는 모습을 'うじたかれころろきて(宇士多加禮斗呂呂岐弖)'로 표기한 부분은 마치 구더기가 득실거리는 모양이 눈앞에 그려지듯 생생하고, 벌레가 데굴데굴(ころころ)굴러 떨어지는 소리가 들릴 듯이 감각적으로 묘사되어 있다.[8] 또 일본 신화에서 뇌신은 보통 뱀의 형상으로 인식되므로[9] 머리와 가슴, 음부와 배, 사지 여덟 곳에 생겨난 뇌신은 뱀이 사자(死者)의 시신 위에 똬리를 틀고 있는 상황을 섬뜩하리만치 사실적으로 묘사한 것으로 볼 수 있다. 위와 같은 대목을 묘사한 『일본서기』 역시 '고름이 흐르고 벌레가 들끓었다(膿沸蟲流).'[10]라고 되어 있어서 사체에 대한 표현이 감

7 山口佳紀 外, 上揭書, pp.44-49.
8 『古事記』원문의 두주(頭注) 참조. 山口佳紀 外, 上揭書, p.45.
9 津田左右吉(1963)『日本古典の硏究上』(津田左右吉全集 第2卷), 岩波書店, p.247; 山本節(1984)『神話の森』, 大修館書店, p.81; 이경화(2014)『한·일 龍蛇설화의 비교연구』, 한국외국어대학교 박사학위논문, pp.86-87.

각적이고 적나라한 점에서는 『고사기』와 마찬가지이다. 죽음이란 남녀를 불문하고 인간이라면 누구나 피할 수 없는 운명이며, 사후에 육신이 자연으로 돌아가는 것 또한 예외 없는 자연의 이치이다. 그러나 일본의 신화 안에서 꺼림직한 죽음과 소멸의 그늘은 유독 여신에게만 짙게 드리워져 있다.

결국 물화되고 파편화된 모습으로 그려진 여신의 신체는 혐오와 공포의 대상으로 간주되고, 종국에는 남편에게 거부당하고 격리되는 귀결을 맞는다. 여신의 세계는 '아주 더럽고 추한 나라'여서 한 번 보기만 해도 반드시 정화 의례를 통해 오염을 씻어내야 할 만큼 부정한 공간이라는 논리이다. 부정한 여신은 더 이상 남편이 사는 곳으로 갈 수 없으며, '나라를 함께 만드는 일'에도 동참할 수 없다. 『일본서기』에서는 이자나기가 자신을 추격해온 이자나미를 향해 "여기서부터는 지나갈 수 없습니다(自此莫過)"[11]라고 선을 긋는 행위가 더욱 명료하게 묘사되어 있다. 여성이라는 이유만으로 어떤 영역에 대한 출입이 제한되고, 차별을 당하는 것은 특별한 여신이나 일반적인 인간 여성이나 별반 다를 바가 없는 것이다.

다만 여기에서 한 가지 주목할 점은, 자신에게 치욕을 준 남편을 대하는 여신의 태도이다. 원치 않게 자신의 신체를 노출당하고, 또 노출된 자신의 모습에 남편이 혐오와 공포를 느끼며 도망쳐 버림으로써 이중으로 모욕을 당한 이자나미는 자신의 목소리로 분명하

---

10 小島憲之 外 校注・譯(1994)『日本書紀①』(新編日本古典文學全集2), 小學館, pp. 44-45. 이하 『日本書紀』 원문 인용은 본서에 의거함.

11 小島憲之 外, 上揭書, pp.46-47.

게 분노를 표출하고 남편을 추격한다. 비록 이자나미의 추격은 이자나기에 의해 저지당하지만, 모멸에 대한 값은 인간 세계의 '죽음'으로 분명하게 치른 셈이다. 이는 뒤에서 살펴볼 부정관설화 속의 여성들과는 구별되는 특징이라 할 수 있다.

덧붙여, 이자나미 신화와 마찬가지로 원치 않은 상황에서 남편에게 적나라한 신체를 노출당하고, 두려움의 대상으로 여겨져 같은 세계에 공존하지 못하고 타자가 될 수밖에 없는 또 하나의 예로는 해신의 딸 도요타마비메(豊玉毘賣之)를 들 수 있다.

천손 호오리(火遠理)의 아이를 가진 도요타마비메는 출산이 임박해지자 천신의 자손을 바다에서 낳을 수 없다며 남편을 찾아간다. 해변에 산실을 짓고 해산을 하게 된 도요타마비메는 아기를 낳을 때가 되면, 원래 자신의 모습으로 돌아가게 되니 자기의 모습을 보지 말아 달라고 남편에게 청한다. 해산하는 도요타마비메는 '아주 큰 상어(또는 악어)가 되어 엉금엉금 기면서 몸을 뒤틀고' 있었고 이를 몰래 지켜보던 호오리는 '깜짝 놀라 두려워하며 도망'치고 만다. 호오리가 자신을 훔쳐봤다는 사실을 알고 매우 부끄럽게 생각한 도요타마비메는 출산을 하자마자 "저는 바닷길을 통해 이 나라를 드나들려 했습니다. 그런데 당신이 저의 모습을 몰래 훔쳐봐 너무 수치스러울 따름입니다."라는 말을 남기고 바다로 통하는 길을 막고, 자기 나라로 돌아가 버린다.[12]

이 신화에서도 출산하는 여신의 몸은 인격적인 존재라기 보다

---

12 山口佳紀外, 上揭書, p.139.

‘원래’부터 이질적이고 동물적인 존재로 간주된다. 출산을 하는 상황에서 적나라한 동물의 정체를 들킨 여신은 근원적으로 다른 존재인 남편의 영역에 더 이상 드나들 수 없다는 논리이다. 도요타마비메 신화의 경우, 이자나미의 요모쓰쿠니 신화처럼 게가레에 대한 표현이 명시적으로 드러나 있지는 않다. 그러나 여신의 신체가 자신의 의지와 무관하게 적나라하게 노출당하고, 비인격화(동물화·사물화) 과정을 거쳐 천신의 자손을 생산하는 어머니로서의 기능이 끝난 후에는 남편과 같은 영역에 공존할 수 없는 타자로 규정되었다는 점에서 양자는 동일한 담론의 구조를 가지고 있다. 또 분노의 정도는 다르지만, 남편에게 자신이 당한 치욕을 분명하게 표현하고 있다는 점에서도 두 여신은 매우 닮아 있다.

이 밖에도 스이닌 천황(垂仁天皇)의 황자 호무치와케노미코(本牟智和氣御子)와 동침을 한 히나가히메(肥長比賣) 역시 자신의 몸을 몰래 엿본 황자에게 원치 않게 뱀이라는 정체를 노출당하고 거부당한 여신이라 할 수 있다. 이즈모대신(出雲大神)을 제사하는 제장(祭場)이 있는 히노카와(肥河) 강가에서 황자를 받아들여 하룻밤의 혼인[13]을 치른 히나가히메는 뱀으로 변한 자기 몸을 보고 놀란 황자가 두려워하며 배를 타고 도망치자 ‘마음 아파하며 바다를 비추면서 뒤쫓아(肥長比賣患光海原自船追來)’간다. 그것을 보고 더욱 겁이 난 황자는 ‘오목한 산마루에 배를 끌어올려놓고 도망쳐서 상경하고(故益見畏以自山多和引越御

---

13 大林太良 外 監修(1997)『日本神話事典』, 大和書房, p.262. 신이 물가로 강림해 그곳의 여자와 하룻밤 혼인을 치르는 것(一夜妻)은 전형적인 신성혼(神聖婚)의 한 형태라 할 수 있다.

船逃上行也)' 만다.[14] 히나가히메 전승은 황손의 출산과 관련된 서사는 없지만, 여신의 동물적 신체가 남편에게 공포와 혐오를 불러일으키고, 거부당한 여신이 남편을 추격하는 구조는 이자나미 신화와 중첩된다. 히나가히메 역시 자신이 '상처받았음(患)'을 분명하게 표현하기는 하지만, 호무치와케의 강한 거부와 더불어 이즈모 히노카와의 '뱀'이라는 자신의 태생적 한계 때문에 더 이상 뭍으로 오를 수도, 도읍으로 올라갈 수도 없는 존재로 묘사된다.

이상 여신의 신체에 관한 신화의 서사구조와 논리를 이자나미 신화를 중심으로 살펴보았다. 일본 신화 안에서 국토와 삼라만상의 신들, 천신과 천손을 낳은 어머니 여신의 위상은 현대 일본 사회에서 일반적인 여성이 차지하고 있는 지위와 별반 다르지 않았다. 창조와 생산의 기능을 다한 여신의 신체는 대부분 비인격적 존재로 물화되고 파편화되어 있었다. 그러나 한 가지 분명한 것은, 공포와 혐오, 거부와 배제의 대상으로 간주된 이 여신들은 자신이 당한 치욕을 분명하게 인식하고, 또 때로는 거침없이 분노를 표현하고 있다는 점이다.

3. 여성의 몸을 향한 부정(不淨)의 시선

가마쿠라(鎌倉) 시대 초기의 불교설화집인 『홋신슈(発心集)』와 『간

---

14 山口佳紀 外, 前揭書, pp.208-209.

쿄노토모(閑居友)』에는 '부정관 설화(不淨觀說話)'라고 불리는 부정관(不淨觀)을 주제로 한 일군(一群)의 설화가 있다. 부정관이란 불교 수행상의 관법(觀法) 중 하나로, 수행자가 번뇌와 욕망을 떨치기 위해 육체가 죽어서 변해가는 모습을 관찰하며, 그 부정함을 깨닫는 수행법이다.[15] 그런데 이 부정관(不淨觀) 설화에서 관법의 대상이 되는 것이 주로 젊고 아름다운 '여성의 육체'라는 점에서, 앞에서 살펴본 '여신 신체의 대상화'와 일맥상통하는 부분이 있어 양자를 연장선상에 놓고 조망해볼 필요가 있다고 생각한다.

대표적인 부정관설화로는 『홋신슈』의 4권 6화와 『간쿄노토모』의 상권 19화, 20화, 21화 및 하권 9화를 들 수 있다. 그리고 이 주제와 직간접적으로 관련된 여러 설화들이 있지만, 이 글에서는 지면상 여성이 주요하게 등장하지 않는 상권19화를 제외한 나머지 4화를 중심으로 살펴보고자 한다.

먼저 『간쿄노토모』 상권 20화는 한 남자가 길을 가다 우연히 해골을 보게 된 사건을 계기로 발심(發心)을 하여 결국 출가를 하게 된다는 스토리이다. 이 설화가 특이한 것은 부정관이 이중으로 이루어지고 있다는 점이다. 첫 번째 부정관은 남자가 들판에서 발견한 해골을 자세히 바라본 것이 이에 해당된다. 남자는 해골이 '너무나 징그럽고 꺼림직'하지만, 이 사람도 살아생전에는 누군가에게 소중한 사람이었을 것이라는 데 생각이 미치자 삶의 무상함과 허무함을 깨닫게 된다. 그러나 남자의 발심은 예상치 못한 방향으로 전개된다.

---

15 廣田哲通(1983) 「不淨觀說話の背景」 『女子大文学』(國文篇34), 大阪女子大學文學會, p.58.

그리 멀지 않은 옛날 야마시로 지방(山城国)에 살던 한 남자에게 서
로 좋아하던 여자가 있었다. 그러나 <u>무슨 연유에선지 남자가 점점 소
원해져 가자</u> 여자는 불평하며 "계속 이런 식으로 멀어져만 가면 부부
사이도 불안정해질 것 같습니다. 두 사람 모두 나이가 더 많아지기 전
에 헤어져서 각자 따로 사는 것도 서로를 위하는 마음이 될 것 같습니
다."라고 말했다. 남자는 놀라서 "당신과 헤어질 수 없는 심정은 예전
과 조금도 다르지 않소. 다만 한 가지 어떤 일이 좀 있어서 <u>스스러운
느낌이 드는 것이오</u>(疎々しきやうにおぼゆる). [16]

아내와 사이가 좋았던 남편은 낯선 타인의 해골을 관(觀)한 경험
을 계기로 점차 아내를 스스럽게 대하고, 아내도 그것을 확실히 느
낄 수 있을 정도까지 이른다. 마음이 이렇게 멀어질 거라면 서로를
위해 차라리 헤어지자는 아내의 말에, 남자는 그 연유를 설명한다.

"일전에 어디를 가다가 들판에서 쉬던 중에 죽은 사람의 해골이 있
어 곰곰이 들여다보게 되었는데, 세상이 하찮고 공허하게 느껴져서
'그 누구나 죽은 후에는 다 이렇게 될 것임에 틀림없겠지. 이 사람도
누군가에게는 소중하게 대접받고 존중받았을까? 그러나 이제는 이렇
게 <u>너무나 징그럽고 꺼림직한 해골</u>(いと気疎くいぶせき髑髏)이 되었구나.
바로 돌아가서 <u>내 아내의 얼굴을 만져봐야겠다. 그 사람도 이 모습과
같은지 확인해 봐야겠다.</u>'고 생각하고 돌아와서 당신 얼굴을 손으로

---

16 小島孝之 外 校注(1993)『宝物集 閑居友 比良山古人霊託』(新日本古典文学大系
40), 岩波書店, pp.407-408.

만지며 해골의 모양과 맞추어보니 역시나 같았소. 어찌 다를 수 있겠소? 그 이후부터 어쩐지 내 마음도 딴 곳에 가 있는 듯 느껴져서 이렇게 당신이 나를 의심할 지경까지 되어버린 것 같소."라고 말했다. 그리고 몇 달 후 남자는 아내에게 "출가의 공덕으로 부처님의 나라에 태어나게 되면 반드시 돌아와, 인연이 있는 벗을 극락으로 데려가려할 때에 내 마음을 보여주겠소."라고 말하더니, 마치 무언가를 싹 지운 듯이(かき消つやうに) 순식간에 자취를 감췄다고 한다. 좀처럼 보기 드물게 훌륭하신 마음이었다(ありがたく侍りける心にこそありけれ).[17]

남자는 들판에서 행한 부정관을 계기로, 다시 자신의 아내를 부정관의 대상으로 삼은 것이다. 아내의 얼굴을 만지며 징그러웠던 해골과 모양과 맞춰보고 아내의 얼굴도 해골과 같다고 깨달은 이후 아내에 대한 마음이 달라지고 만 것이다. 아내와 헤어질 수 없는 심정은 예전과 조금도 다르지 않다고 말한 지 몇 달도 되지 않아 남편은 결국 출가의 뜻을 밝히고 종적을 감추고 만다. 설화는 이야기 말미에 남자의 발심을 '좀처럼 보기 드물게 훌륭하신 마음'이라고 칭찬하지만, 그 어디에도 남편에게 사랑받는 아내에서 한순간에 징그럽고 꺼림칙한 해골과 다름없는 존재로 부정당한 아내의 목소리는 들리지 않는다. 부정관을 수행할 수 있는 주체는 오로지 남성이며, 여성은 객체로서 대상화 되고 있을 뿐이다.

이어지는 상권 21화도 마찬가지이다. 이 이야기는『간쿄노토모』

---

17 小島孝之 外, 上揭書, pp.408-409.

28

의 저자인 승려 게이세이(慶政, 1189~1268)가 유년시절 가라하시(唐橋) 강가에서 젊은 여자의 시체를 실제로 목격한 경험을 토대로 쓴 것이라고 한다.[18]

> 고향 근처라서 가 보니 (시신에게서는) 사람이라고 할 수 있을 만한 모습은 전혀 찾아볼 수가 없고, 그저 커다란 나무토막 같은 것이 있었는데, 손도 발도 없었다. <u>더럽고 부정한 것이</u> 이루 형용할 길이 없다. 아무리 망망대해의 물을 다 쏟아부어서 씻는다 해도 <u>깨끗하게 정화하기는 힘들</u> 것이다. 멀리 떨어져서 보는 것만으로도 견디기 힘들어 참을 수가 없다. 이런 모습일 때 그 누가 한 이불을 덮고 동침을 하겠는가?[19]

이야기의 배경이 된 것은 열아홉 살의 처녀가 자신이 모시던 여주인의 남편을 몰래 만나고 있었는데, 남자가 출타한 틈을 타서 그 부인이 처녀를 끔찍하게 살해해 강에 유기한 사건이라고 한다.[20] 게이세이는 당시 강가에 여자의 시신을 구경하려고 몰려든 사람들로 발 디딜 틈이 없었다고 기록하고 있다. 이른바 삼각관계에 빠진 남녀의 치정에 얽혀 벌어진 비극이라 할 수 있는데, 그 와중에 목숨을 잃고 처참하게 버려진 여자의 시신을 향한 작가의 시선은 차갑기 그지없다. 물론 이러한 태도는 어리석은 애집(愛執)에 미혹되어

---

18 小島孝之 外, 上揭書, p.413.
19 小島孝之 外, 上揭書, p.410.
20 原田行造(1978)「『閑居友』所收不浄観説話の基礎的覚書—慶政の生活環境と体験をめぐって—」『説話・物語論集』6, 金沢古典文学研究会, p.6.

비극을 자초한 사건을 냉정하게 바라보고, 부정함을 관하며 욕망을 끊고 깨달음을 추구한다는 부정관 수행 목적에 잘 부합된다. 그러나 처참하게 살해된 여성의 신체를 정화 의례가 필요한 더럽고 부정한 대상으로 간주하는 시선은 앞 장에서 살펴본 여신의 신체에 대한 부정관과 일맥상통한다. 게이세이에게 있어서 무참히 살해되어 버려진, 말없는 여성의 신체는 극복해야 될 욕망의 대상은커녕 정화조차 불가능한 그저 혐오스럽기 그지없는 물건일 뿐이다.

한편『간쿄노토모』하권 9화는 황녀의 딸로 태어난 고귀한 신분으로 궁정에 뇨보(女房)로 출사하고 있는 여성이 자신을 흠모하는 승려의 개심을 위해 일부러 자신의 부정한 모습을 드러내 보인 이야기이다. 신분이 높은 한 승도(僧都)가 이 뇨보를 향한 연모의 마음을 누를 길이 없어 결국 여자에게 구애하며 속마음을 고백한다. 그러자 뜻밖에도 여자는 잠시 망설인 후 그렇게까지 고민할 일이 아니라며 궁을 나와 본가로 가는 날 소식을 전하겠다고 답한다. 승려는 여자가 그저 연민의 정 때문에 형식적으로 한 대답일 것이라 생각하면서도, 한층 더 부푼 마음으로 기다리게 된다. 그러던 중 얼마 지나지 않아 정말로 여자에게서 본가에 와 있다는 연락이 온다. 그런데 자신을 만나기 위해 채비를 하고 온 승도에게 여자는 뜻밖의 말을 한다.

승도를 만나러 나온 여자는 "당신 말씀이 가벼이 여길 수 없을 만큼 무게가 느껴졌기에 출궁하여 집에 와 있었습니다. 다만 지금 <u>제 몸</u>은 냄새가 나고 지저분하기가 이루 비할 바가 없을 정도입니다. 머릿속에는 골수가 빈틈없이 꽉 차 있고, 피부 거죽 속에는 살과 <u>뼈</u>가 엉

겨 있습니다. 어디에나 피가 흐르고 고름이며 체액이 흘러 어느 한 구
석 가까이 다가갈 만한 곳이 없습니다. 이런 몸에다 외부에서 이런저
런 향내나고 화려한 것들을 끌어다 꾸며놓았으니, 어쩐지 마음이 끌
리게 하는 모습이었던 것이지요. 그 진짜 모습을 보시면 틀림없이 섬
뜩하고 무섭게(気疎く、恐しく) 생각하게 되실 것입니다. 이런 점들에 대
해서 자세히 말씀드리고자 집으로 오시라고 한 것입니다."라고 말하
더니 "게 누구 없느냐? 불을 켜서 가져오너라"라고 일렀다. 아랫사람
이 등잔에 환하게 불을 밝혀 가져 왔다. 그러자 여자는 휘장을 걷어올
리며 "스님께서 제 이런 모습을 보신다면 차마 어찌 견디실 수 있겠
습니까?"라고 말하며 걸어나왔다.[21]

승도가 부정을 관하여 애욕에서 벗어날 수 있도록 여자 스스로
자신의 몸이 수행의 도구로 이용되는 상황을 설정한 것이다. 머릿
속의 골수, 피부 거죽 속의 살과 뼈, 피, 고름, 체액…여성의 신체를
구석구석 해부하듯이 쪼개어 현미경으로 들여다보는 듯한 묘사는
극도의 리얼리티를 갖추고 있어, 흡사 근대의 자연주의 소설을 방
불케 한다.

머리는 덥수룩하게 헝클어져 요괴(鬼) 따위 같았고, 곱고 기품 있던
얼굴은 누렇고 푸르죽죽했다. 발 같은 데도 피부색이 제대로 살아나
지 않아 초라하고 지저분했고, 군데군데 피가 묻은 옷에서는 냄새가

21 小島孝之 外(1993), 前掲書, pp.441-442.

나서 정말이지 참기 힘들 정도였다. 여자는 이런 모습으로 나와 계속 눈물을 흘리더니 "날마다 외모를 가꾸던 일을 멈추고 그저 되어가는 대로 몸을 가만히 내버려 두니 제 모습도, 입는 옷도 다 이렇게 되는 것이 아니겠어요? <u>그쪽은 불도(佛道)를 가까이 하는 몸이니 거짓된 모습을 보여드리는 것도 분명 이래저래 우려스러운 점이 있을 것 같아 이렇게 있는 그대로 보여드린 것</u>"이라고 거듭 설명했다. 이 사람은 단한 마디도 할 말이 없어 그저 조용히 눈물만 흘리다가 "대단한 친구를 만나뵙게 되어 마음을 새로이 다잡았습니다."라고 말하고 서둘러 우차(牛車)에 올라 돌아갔다고 한다.[22]

여자의 어조는 이야기가 진행될수록 승려에 대한 조심스러움이 옅어진다. 여자가 승도에게 사용한 그쪽(そなた)이라는 대명사는 자신과 동등하거나, 더 아래에 있는 상대에게 쓰는 인칭대명사이다.[23] 『간쿄노토모』의 문체는 유려한 미문으로 정평이 나 있지만[24] 그 안에 담겨있는 내용은 섬뜩하리만큼 사실적이고 직설적이다. 궁정에 출사하는 고귀한 신분의 우아한 여성이 명망 높은 승려를 향해 품위 없고 추한 모습으로 나타나 신랄한 말들을 쏟아내는 구도에서 느껴지는 간극은 『간쿄노토모』의 문체와 내용이 지닌 간극과 매우 닮아있다. 그리고 이 설화에서 민망한 상황에 처해 굴욕을

---

22 小島孝之 外(1993), 前揭書, pp.442-443.
23 小島孝之 外(1993), 前揭書, p.389.
24 鳥取富美(1994)「『閑居友』における美と不浄」『日本文學』82, 東京女子大学, p.77; 藤本徳明(1973)「不浄観説話の成立」『説話物語論集』2, 金沢古典文学研究会, pp. 2-12.

세4장 여성의 신체에 대한 담론의 구조

당하고 있는 것은 승려만이 아니다. 사실 승려보다 훨씬 모욕적인 상황에서 수모를 당하고 있는 쪽은 오히려 뇨보라는 점을 간과해서는 안 된다. 그녀는 신체를 무방비 상태로 드러낸 채, 스스로 자기의 몸을 부정하고 비하하는 담론의 구조 속에서 이중의 모멸을 겪고 있기 때문이다.

> <u>정말로 대단히 현명한 여자의 마음이다.</u> 이 이야기에서처럼 섬뜩할 정도는 아니지만, 사람의 몸은 만약에 방치하고 돌보지 않는다면 상상도 할 수 없는 꼴이 될 것이다. 물에 비친 자신의 모습을 보고 스스로 몸을 던져 죽어버렸다고 하는 아사카누마(安積沼)의 여자는 필시 쇠락한 자신의 얼굴에 슬픔을 느꼈을 것이다. 오노노 고마치(小野小町)에 관한 기록을 보면, 그 용모며 옷 따위며 모든 것이 보는 사람들로 하여금 눈을 돌리고 싶은 마음이 들게 할 정도이다. 하물며 얼굴이 별로 아름답지도 않은 사람이 그런 식으로 몸을 방치한 채 되는 대로 내버려 둔다면 이 뇨보의 거짓 모습과 무엇이 다르겠는가? 하물며 숨이 멎고 차갑게 식은 몸을 방치해 몇 날 몇 밤이 지난 경우에는 더 말할 나위도 없다. <u>피부가 부풀어오르고, 고름과 체액이 흘러내리고, 힘줄이 녹고, 살이 녹을 때</u>는 정말로 마음을 고요히 가라앉히고 찬찬이 생각하는 것이 좋다.[25]

설화 말미의 논평에서 게이세이는 이야기 속 뇨보를 대단히 현

---

25 小島孝之 外, 前揭書, p.443.

명 하다고 칭찬하고 있지만, 실제 뇨보에 대한 작가의 시선은 자신
의 외모를 비관해 자살했다고 하는 아사카누마(安積沼)의 여자나, 한
때는 재기 발랄한 미인의 대명사였지만 후에는 사람들이 눈을 돌
리고 싶을 만큼 용모가 형편없어졌다고 하는 오노노 고마치에 대
한 시선과 전혀 다를 바가 없다. 여성을 바라볼 때, 아무리 아름다
운 여자라도 지속적으로 가꾸지 않아서 외모가 쇠락하면 차마 눈
뜨고 볼 수 없을 만큼 추하기 그지없으리라는 것이 여성에 대한 작
가의 기본적인 인식이다. 결국 아름다운 여자든, 아름다웠지만 미
모가 쇠락한 여자든, 아름답지도 않은데 외모를 돌보지 않아 흉해
진 여자든, 살아있든 죽어있든 그녀들은 모두 가라하시 강가에 버
려진 여자의 시체와 다를 바 없이 한 거죽을 벗겨낸 속은 '더럽고
부정한 것이 이루 형용할 길이 없어… 망망대해의 물을 다 쏟아부
어 씻는다 해도 정화하기 힘든' 존재인 것이다.『간쿄노토모』는 여
성의 신체를 부정관의 대상으로 가차없이 도구화하면서 여성에 대
한 자신의 혐오와 부정한 인식을 때로는 여성의 입을 통해, 때로는
작자 자신의 입을 통해 여과없이 드러낸다.

『홋신슈』의 4권 6화는『간쿄노토모』에 비해 '이로고노미(色好み)'
적인 요소가 더 강조되어 있기는 하지만, 여성이 승려의 부정관 수
행에 자신의 몸을 도구화하는 과정에 참여하는 모습로 그리고 있
는 점은 마찬가지이다. 옛날 겐빈(玄賓)이라는 승려가 어떤 다이나
곤(大納言)의 부인을 연모했지만, 부인과 단둘이 만날 수 있는 기회가
왔는데도 그저 바라만 보고 돌아갔다는 일화이다. 당시 겐빈이라
는 승도는 매우 고귀한 사람이어서 신분 고하를 막론하고 모두 그

를 부처처럼 여겼다고 한다. 그 중에서도 이름은 알 수 없지만 다이나곤 지위에 있던 한 남자가 겐빈과 오랜 세월 서로 신뢰하며 지내고 있었다. 그런데 언제부턴가 승도가 알 수 없는 이유로 병이 나서 앓아눕게 되었다는 소식을 듣고 다이나곤은 병문안을 간다.

다이나곤은 걱정된 나머지 몸소 병문안을 와 상태를 물었다. 그러자 '실은 (중략) 일전에 댁에 갔을 때 너무 아름다운 부인의 모습을 잠깐 뵙고 난 이후 아무 생각도 할 수가 없고, 마음이 어지럽고 가슴이 꽉 막혀서 도저히 말로 표현할 길이 없습니다. (중략)'라는 것이었다. (중략)다이나곤은 놀라며 "그런 일이라면 왜 진작에 말씀하지 않으셨습니까? 전혀 어렵지 않은 일입니다. 이제 그만 고민하십시오. 우리 집으로 건너오세요. 무엇이든 말씀만 하시면 불편함이 없으시도록 준비하겠습니다."라고 말하고 돌아갔다. 다이나곤이 부인에게 이러한 사정을 이야기하자 부인은 "물론 괜찮습니다. 어지간한 상황이라면 그렇게 말씀하실 리가 없겠지요. 충분히 생각하신 끝에 하신 말씀이실 터이니…"라고 했다. 그래서 준비를 하고 승도의 소원대로 하도록 했다. 승도는 아주 단정하게 법복을 차려입고 왔다. (중략) 승도는 아름답고 단정한 부인의 모습을 두 시간 정도 지긋이 응시하고 (중략) 부인 곁으로는 전혀 다가가지도 않고 (중략) 돌아갔기 때문에 다이나곤은 승도를 더욱 귀하게 생각하게 되었다. 승도는 부정을 관(觀)하여 그 집착하는 마음을 돌린 것이리라. (후략)[26]

---

26 三木紀人 校注(2016)『方丈記 発心集』(新潮日本古典集成), 新潮社, pp. 179-181.

자신의 아내를 흠모한 승려를 배려해 아내와 단둘이 만날 기회를 준 다이나곤의 행동은 벗에 대한 신실함, 이로고노미(色好み), 또는 도량이 큰 인물 등으로 평가할 수도 있을 것이다. 그러나 여기에서 주목해야 될 부분은 아내의 입장이다. 남편에 대한 믿음이 있기에 그 뜻에 따르기는 하지만 "너무 놀랍고 괴롭지만…싫다고 할 수 없겠지요(いとあさましく心憂けれど…いなび給はじ)"라는 것이 아내의 본심임은 분명하다. 남편이 있는 여성의 입장에서 아무리 신분이 높은 승려라 해도 낯선 남성, 그것도 자신에게 감출 수 없는 사적인 감정을 품고 있는 남성과 단둘이 대면해야 하는 것은 난감하고 부담스러운 상황일 것이다. 그것을 남편은 아내의 의사도 묻기 전에 '전혀 어렵지 않은 일'로 치부해버린다. 아내의 신체는 자신의 귀한 벗이 '말씀만 하시면' 준비할 수 있는 사물에 불과하다. 몸의 주체인 여성의 의사는 도외시된 채 이야기의 초점은 훌륭한 승도와 다이나곤 두 남성에 대한 찬사에 놓여 있다. 고귀한 승려의 부정관 수행이라는 미담에 가려 도구화된 여성의 신체는 주목받지 못한다. 아무리 고귀한 신분이라 할지라고 남성 중심의 세계관 속에서 신분의 고하나 미추여하를 불문하고 여성은 모두 똑같이 억압받는 하위주체인 서벌턴에 불과한 것이다.

사람의 몸은 뼈와 살로 지은 썩은 집과 같다. 오장육부는 독사가 서려 있는 모습과 진배없다. (중략) 겨우 얇은 거죽 한 겹을 씌어놓은 까닭에 이 모든 부정함을 감추는 것이다. (중략) 분을 바르고 향기를 피워 배어들게 해도 그것이 거짓으로 꾸민 것임을 누가 모르겠는가? 산해진미도 하룻밤만 지나면 모조리 더러워진다. 마치 곱게 채색한 병에 더러운 분뇨(糞穢)를 넣고, 썩은 시체에 비단옷을 두른 것과 같다. 비록 대해(大海)의 물을 다 쏟아부어 씻어도 깨끗해질 수 없다.[27] (중략) 혼이 떠나고 목숨이 다한 후에는 허망하게 무덤가에 버려진다. 몸이 부풀어 오르고, 썩고, 흐트러져 결국은 백골이 된다. 이 참된 상(真相)을 아는 까닭에 사람들은 항상 이를 혐오하는 것이다. '어리석은 자가 거짓 아름다움에 빠져 마음이 미혹되는 것은 마치 측간의 벌레가 더러운 똥을 좋아하는 것과 같다.'고 할 수 있다.[28]

『홋신슈』의 작자 가모노 조메이(鴨長明, 1115~1216)는 이 설화의 말미에서 사람의 몸은 거죽 한 겹으로 모든 부정함을 감추고 있다고 논평한다. 하지만 이 '부정한 사람의 몸'이라는 범주 안에 과연 남성이 포함되어 있는지는 의문이다. 신화에서도, 그리고 부정관설화 안에서도 거짓된 정체를 감추고 있는 더럽고 혐오스러운 몸은 대부분 여성의 것이기 때문이다. 엘리트 승려와 남성들이 만들어낸 부정의 담론 안에서 남성은 늘 부정을 관하고 정화하는 수행의 주체로서 찬사와 존경을 독점한다. 그에 반해 여성은 그 부정의 담론 안에서 으레 수행의 대상이자 도구로 이용되며, 자신의 신체로부터 소외되고 부정당하는 역할을 할당받고 있다.

---

27 『간쿄노토모』상권 21화와 유사한 표현이지만,『홋신슈』가 1222년에 성립된『간쿄노토모』보다 이른 시기인 1216년 이전에 성립되었으므로, 이 부분은『간쿄노토모』가『홋신슈』의 영향을 받은 것으로 보아야 할 것이다.

28 三木紀人, 上揭書, pp.181-182.

4. 맺음말

지금까지 여성의 신체에 관한 묘사를 담고 있는 신화와 설화를 분석해 그 안에 담긴 여성에 대한 왜곡과 소외의 구조를 고찰해보았다. 신화 속에서 여신의 신체는 철저하게 해체되고 타자화 되어 동물적으로 묘사되어 있다. 여신은 신성함과 존엄성보다는 부정한 존재로서 공포와 혐오의 대상으로 그려졌다. 그러나 신화 속의 여신은 최소한 자신을 모욕하는 남성 신에게 분노의 목소리를 내고 행동하는 존재로 그려져 있었다.

그러나 중세의 부정관설화 속에는 수행의 도구로 전락한 여성의 목소리가 거의 드러나 있지 않았다. 간혹 입을 열어 말을 하는 여성은 남성 작자의 언어로 자신의 신체를 스스로 부정하고 있었다. 때로는 여성 스스로 자신의 신체를 도구화하는 과정에 기꺼이 참여하고 협조한다는 왜곡된 담론으로 정작 신체의 주인인 여성을 자기의 몸으로부터 소외시키고 있었다. 그리고 부정관 설화가 성립된 13세기 초로부터 800여 년이 흐른 현재도 부정관설화 속에서 철저히 도구화되고 멸시당한 여성의 신체에 대해 문제 삼는 논의는 찾아보기 힘들다. 오히려 부정한 여성의 신체라는 담론은 이후에 더욱 더 강화되어 갔고, 이러한 논리에 입각해 여성을 차별하는 관행 또한 여전히 현재형이다. 여성 부정관에 입각해 만들어진 신화와 설화는 후대의 여러 문학과 예능 등 다양한 장르에 걸쳐 현재도 계승, 발전, 확대, 재생산되면서 일본 사회의 여성 차별에 영향력을 행사하고 있다는 점에서 여전히 하나의 문화권력으로 기능하고 있다고 볼 수 있다.

| 참고문헌 |

아마 도시마로 저・정형 역(2007)『천황제 국가 비판』제이앤씨.

이경화(2014)『한・일 龍蛇설화의 비교연구』한국외국어대학교 박사학위논문.

일본부락해방연구소・최종길 역(2010)『일본 부락의 역사-차별과 싸워온 천민들의 이야기』어문학사.

허영은(2017)「헤이안시대 여성차별과 하시히메전승」『일본학연구』51, 단국대학교 일본연구소.

網野善彦(2005)『日本の歴史をよみなおす』筑摩書房.

大林太良 外 監修(1997)『日本神話事典』大和書房.

小島孝之 外 校注(1993)『宝物集 閑居友 比良山古人霊託』新日本古典文学大系40, 岩波書店.

小島憲之 外 校注・譯(1994)『日本書紀①』新編日本古典文學全集2, 小學館.

＿＿＿＿＿(1998)『日本書紀③』新編日本古典文學全集4, 小學館.

関口裕子(1983)「古代における女性差別」『歴史公論』97号, 雄山閣.

津田左右吉(1963)『日本古典の研究上』津田左右吉全集 第2巻, 岩波書店.

鳥取富美(1994)「『閑居友』における美と不浄」『日本文學』82, 東京女子大学.

西山良平(1990)「王朝都市と≪女性の穢れ≫」『日本女性生活史Ⅰ原始・古代』東京大學出版會.

原田行造(1978)「『閑居友』所収不浄観説話の基礎的覚書—慶政の生活環境と体験をめぐって—」『説話・物語論集』6, 金沢古典文学研究会.

廣田哲通(1983)「不浄観説話の背景」『女子大文学』國文篇34, 大阪女子大學文學會.

藤本徳明(1973)「不浄観説話の成立」『説話・物語論集』2, 金沢古典文学研究会.

＿＿＿＿＿(1977)『中世仏教説話論』, 笠間叢書.

三木紀人 校注(2016)『方丈記 発心集』新潮日本古典集成, 新潮社.

宮田登(1996)『ケガレの民俗誌』, 人文書院.

山口佳紀 外 校注・譯(1997)『古事記』新編日本古典文學全集1, 小學館.

山本節(1984)『神話の森』, 大修館書店.

세미마루 전승 고찰
장애에 대한 사회의식을 중심으로

김영주

1. 머리말

세미마루(蟬丸)는 헤이안 시대의 가인(歌人)이자 비파의 명인으로 알려져 있으나, 실은 생몰년과 출신 등이 역사적으로 확인되지 않는 전설적 인물이다. 세미마루와 관련된 전승은 헤이안 시대부터 설화집과 가론서(歌論書), 기행문과 신사의 연기담(寺社緣起) 등 폭넓은 분야의 문헌에 등장하며 다양하게 전개되었고 가면극과 인형극의 소재가 되어 무대에서 공연되기도 했다. 전개 과정에서 등장 인물에게 신체적 장애와 황족이라는 고귀한 신분이라는 상반된 성격이 부가되었는데 이는 세미마루 전승의 가장 큰 특징이라 할 수 있다.

지금까지 세미마루 전승은 등장인물의 정체규명 등 원류에 대한 접근[1], 맹인사 연구의 일환[2], 예능연구의 일환[3], 세미마루를 제신으로 섬기는 신앙연구[4], 와카 등 문학적 접근[5]을 중심으로 이루어졌다. 이 글에서는 장애에 대한 일본의 사회의식에 초점을 맞추고 등장인물의 신체적 장애에 대한 표현과 시대담론을 중심으로 헤이안 시대부터 근대까지 세미마루 전승을 통시적으로 고찰함으로써 장애에 대한 일본의 사회의식이 전승에 미친 영향에 대해 생각하고자 한다. 장애에 대한 사회의식을 통시적으로 파악함으로써 현재로 이어지는 장애인 차별 해결책 모색에 도움이 되고자 한다.

2. 헤이안 시대

세미마루의 이름이 보이는 가장 오래된 기록은 951년 무라카미

1　平井喜信(1972)「蟬丸の周辺─その名義について─」『和洋国文研究』8, pp.36-39; 松田存(1994)「四ノ宮河原抄考─謡曲「蟬丸」をめぐって─」『二松』第八集, pp.261-275.
2　中山太郎(1936)「蟬丸は一人にて非ざりしと云ふ追考」『日本盲目史 続』, pp.13-14.
3　平井喜信(1966)「盲僧と琵琶との付会考序論」『和洋國文研究』4, pp.36-43.; 萩原朔太郎(1940)「能の上演禁止について」『阿帯　萩原朔太郎随筆集』河出書房, pp.65-70.
4　土井順一(1975)「説教者の蟬丸信仰とその芸能形態とに関する一考察」『國文學論叢』20, pp.8-23; 斉藤利彦(2013)「逢坂山と関清水蟬丸宮 : ささら説経と蟬丸信仰を中心に」『歴史学部論集』3, pp.23-41.
5　安田夕希子(1990)「蟬丸伝承考」『芸能史研究』110, pp.23-43; 上岡勇司(1986)「蟬丸説話」『和歌説話の研究─中古遍─』, 笠間書院, pp.234-243; 小峯和明(2001)「蟬丸の琵琶─秘密の対座」『説話の森─中世の天狗からイソップまで』, 岩波書店, pp.93-120.

천황(村上天皇)의 명으로 편찬한 『고센와카슈(後撰和歌集)』이다. 이 책
의 권15 雜一에는 다음과 같이 세미마루가 지은 와카 한 수(와카①)
가 짧은 설명과 함께 실려있다.

　　오사카 관문에 초가집을 짓고 살면서 오가는 사람들을 보고 (읊었
　다) 세미마루
　　　바로 이곳이 오가는 사람 모두 헤어져도 또 알든 모르든 모두 만나
　는 오사카 관문6

　단편적이고 간략한 내용이지만 ① 오사카 관문(逢坂の関)의 초가집
에 거주하는, ② 와카의 소양을 갖춘 인물이라는 세미마루의 인물
상을 확인할 수 있다. 인물상①②는 세미마루 전승을 구성하는 핵
심요소가 되어 후대로 계승되었다. 맹인 모티프는 보이지 않으며,
오히려 "오가는 사람들을 보고" 와카를 읊었다는 설명은 맹인 세
미마루와 상반되는 인물상을 제시하고 있다.

　1013년 무렵 편찬된 후지와라 긴토(藤原公任)의 『와칸로에이슈(和
漢朗詠集)』에는 세미마루作으로 알려진 또 다른 와카(와카②)가 실려있
다.7 이 와카는 1112년 무렵 성립한 가론서 『도시요리즈이노(俊頼髄
脳)』에도 수록되었다. 미나모토노 도시요리(源俊頼)는 다음과 같이 세
미마루의 와카②를 소개하고 있다.

6　国際日本文化研究センター・和歌データベース(2002)『後撰和歌集』,
　　https://lapis.nichibun.ac.jp/waka/menu.html (접속일: 2020.8.15). 이하 인용
　　문의 한국어 번역은 필자에 의함.
7　藤原公任撰・菅野禮行校注訳(1999)『和漢朗詠集』, 小学館, p.398.

세미마루의 노래

이 세상이란 이래도 저러해도 살아지는 것 궁전도 초가집도 언젠
가 사라지니

이는 오사카 관문에서 왕래하는 사람에게 구걸하며 살아가는 사람
이 있었다. 고토(琴) 등을 훌륭히 연주해 사람들이 불쌍히 여기는 사연
이 있는듯한 사람이었다. 이 노래는 허름한 초가집을 지어 짚이라는
것을 얹어 만든 모양을 보고 "초라한 집이구나. 짚으로 만들어졌구
나"라고 비웃자 읊은 노래이다.[8]

미나모토노 도시요리의 설명에 따르면 세미마루는 "구걸하며
살아가는 사람"으로 악기연주 솜씨가 뛰어났다. 이 글에서도 맹인
모티프는 보이지 않는다. 걸인이라는 신분에 어울리지 않게 문예에
조예가 깊었기 때문인지 세간의 동정을 살만한 사연을 가진 사람이
라 적고 있다. 상상력을 자극하는 이러한 인물상은 세미마루를 둘
러싼 다양한 전승을 만들어낸 원동력이 되었을 것이다. 『와칸로에
이슈』와 『도시요리즈이노』에 수록된 와카②는 『햐쿠닌잇슈(百人一
首)』 등에 실려 널리 알려지면서 후대 세미마루 전승에 큰 영향을 미
쳤다. 12세기 초 성립한 작자미상의 불교설화집 『곤자쿠모노가타
리슈(今昔物語集)』(이하 『곤자쿠』로 약칭) 역시 와카②를 수록하고 있다.

『곤자쿠』 권24에는 「미나모토노 하쿠가 아손, 오사카의 맹인을
방문하는 이야기(源博雅朝臣行会坂盲許語)」가 수록되어 있다. 피리의 명

8 源俊頼撰 · 橋本不美男校注訳(2002)『俊頼髄脳』(『歌論集』所収), 小学館, pp.53-54.

수이자 음악가로 유명한 미나모토노 히로마사(源博雅, 918?~980)가 3
년 동안 세미마루의 초가집을 방문하여 비파의 비곡(秘曲)을 전수
받는 이 이야기는 현존하는 헤이안 시대의 세미마루 전승 가운데
가장 구체적인 내용을 담고 있다. 또한 맹인 모티프가 확인되는 초
기문헌으로 세미마루의 출신과 오사카 관문에 살게 된 경위를 설
명하고 있다는 점에서도 유의미한 자료이다. 『곤자쿠』 해당 본문
을 인용하면 다음과 같다.

(A) 그때 오사카 관문에 한 맹인이 초가집을 짓고 살고 있었다. 이
름은 세미마루라고 했다. 이 사람은 아쓰미친왕이라는 시키부쿄노미
야의 조시키(雑色)라고 했다. 미야는 우다법황의 황자로 관현에 통달
한 사람이었다. 오랫동안 언제나 비파 연주를 들으면서 세미마루는
비파를 현묘하게 연주하게 되었다.

(B) 한편 미나모토노 히로마사는 비파를 대단히 좋아했다. 오사카
관문의 맹인이 비파 실력이 뛰어나다는 이야기를 듣고 연주가 너무나
듣고 싶었지만 맹인의 집이 평범하지 않았기에 직접 가지 않고 사람
을 시켜 은밀히 세미마루에게 "어째서 생각지도 못한 곳에 살고 있는
가. 도성에 와 살지 않겠는가?"라고 전했다. 맹인은 이를 듣자 답은 하
지 않고 다음과 같은 노래를 읊었다.

이 세상이란 이래도 저래도 살아지는 것 궁전도 초가집도 언젠
가 사라지니[9]

---

9 馬淵和夫ほか校注訳, 『今昔物語集(3)』, 小学館, 2001, p.305.

『곤자쿠』 수록화에 등장하는 세미마루는 한때 우다천황(宇多天皇, 867~931)의 제8황자 아쓰미친왕(敦実親王, 893~967)을 모시던 조시키(雑色)였다. 조시키는 하급관리, 특정 관청에 속한 기술자, 황족과 귀족의 거처에서 잡무를 담당한 하인 등을 널리 이르는 용어이다.[10] 여기에서는 문맥상 아쓰미친왕 밑에서 일하던 하인으로 추정된다. 비파의 비곡 전수를 둘러싼 히로마사의 일화는 동시대 설화집『고단쇼(江談抄)』에도「하쿠가노산미 비파를 배우다(博雅の三位琵琶を習ふ事)」라는 제목으로 수록되어 있다. 그러나『고단쇼』는 오사카 관문에 사는 맹인(会坂の目暗)으로만 등장한다.『고단쇼』전본 가운데 유일하게 맹인의 이름을 밝히고 있는「간다본(神田本)」도 세미마루가 아닌 '지토세(千歳)'로 적고 있다.『곤자쿠』는 히로마사의 고사와 세미마루를 연결지은 최초의 문헌이다. 세미마루의 출신과 비파 연주를 배운 내력[11]을 아쓰미친왕과 관련지어 설명하는 내용(A)는『곤자쿠』세미마루 전승의 특징이다. 그밖에도『곤자쿠』만의 특징은 수록화의 마지막 부분에서도 발견된다.

세미마루는 비천한 신분이었으나 오랫동안 미야가 연주하는 비파를 듣고 이렇게 뛰어난 실력을 갖추게 되었다. <u>그러다 눈이 보이지 않게 되자 오사카에 살았다. 그 뒤로 맹인 비파연주자가 등장했다고 전</u>

---

10 Web版『国史大辞典』(吉川弘文館), 2010, 雑色,
   https://japanknowledge.com (접속일: 2020.8.15.)
11 『곤자쿠』는 다음과 같이 비파의 비곡 역시 맹인 세미마루가 아쓰미친왕에게 전수받았다고 적고 있다. "히로마사가 '류센(流泉)과 다쿠보쿠(啄木)의 곡을 듣고 싶소만'이라 말했다. 맹인은 '돌아가신 아쓰미친황은 이렇게 연주하셨습니다'라며 그 곡을 히로마사에게 전수했다"『今昔物語集(3)』, 前掲書, pp.307-308.

해진다.[12]

이유는 알 수 없으나 세미마루는 눈이 멀어 오사카 관문에 살기 시작했고 맹인 비파연주자의 시조가 되었다는 내용이 바로 그것이다. 과거 부정하게 여겨진 존재는 도시 외곽 또는 강변 등 외곽지역에 모여 생활했다. 신편일본고전문학전집 주석에서 "오사카 관문 부근에 맹인, 도망자, 장애인 모여들었다"[13]고 지적하고 있듯이 오사카 관문은 그러한 지역 가운데 하나였다. 본문은 세미마루가 오사카로 이주한 이유를 직접 언급하지 않지만, 눈이 먼 세미마루가 도성을 떠나 오사카로 옮겨간 배경에는 이러한 당대 문화가 반영되어 있을 것이다. 한편 중세 이후 세미마루를 맹인 비파연주자, 다시 말해 비파법사(琵琶法師)의 시조로 설명하는 이야기가 비파법사를 통해 일본 전국으로 퍼져나가는데, 『곤자쿠』는 이러한 세미마루 비파법사 시조 전승을 전하는 현존하는 가장 오래된 문헌이다.

헤이안 시대의 세미마루 전승은 와카와 함께 시작되었다. 세미마루가 읊은 와카를 소개하고 작가 세미마루와 와카의 배경에 대한 설명이 추가되는 과정에서 전승은 점차 구체화되었다. 이 시기 전승에 등장하는 세미마루는 도성에서 떨어진 오사카 관문의 허름한 초가집에 사는 비천한 신분이면서도 와카와 음악에 대한 소양을 겸비한 수수께끼의 인물이다. 당시 문학과 음악은 상류계층의 전유물로 여겨졌다. 세미마루의 이야기를 들은 사람은 당연히 걸

---

12 『今昔物語集(3)』, 前揭書, p.308.
13 『今昔物語集(3)』, 前揭書, p.308 주석 7.

인 또는 맹인으로 묘사되는 세미마루가 어떻게 와카와 악기연주 실력을 얻게 되었는지 궁금하게 생각했을 것이다. 안타까운 사연이 있을 것 같다는『도시요리즈이노』의 설명과 아쓰미친왕과 관련된 일화를 소개하는『곤자쿠』는 이러한 당대 사람들의 의문이 투영된 결과일 것이다. 맹인 모티프는『곤자쿠』에 수록된 히로마사 이야기에서만 한정적으로 확인된다. 헤이안 시대 맹인 모티프와 함께 이를 바탕으로 비파법사 시조 전승이 출현했다는 점에 주목할 필요가 있다.

3. 중근세

중세 이후 세미마루 전승은 일기문학과 같은 개인적 기록에서 신사의 연기담과 극문학까지 폭넓은 분야에서 다양한 기록을 남기며 전개되었다. 등장인물의 '장애'가 강조되거나, '황자' 신분을 부여받고 사후에는 신으로 모셔지는 극적인 신분 상승이 이루어지기도 했다. 3장에서는 주요 모티프를 중심으로 중근세 세미마루 전승의 전개 양상을 살펴보고자 한다.

1) 오사카 관문

세미마루 전승은 독립된 이야기로 전해지기도 하지만, 거처로 알려진 오사카 관문 또는 오사카 관문에서 세미마루가 읊은 와카에 대한 설명으로 언급되는 경우가 많다. 실제로 현전하는 전승 대부분은 와카의 주석서, 기행문, 일기, 모노가타리(物語), 근세 출판된 명소안내서 등에서 오사카 관문과 세미마루作 와카를 설명하는 단편적 기록이다.

세이쇼나곤(清少納言)은『마쿠라노소시(枕草子)』107단「관문은(関は)」에서 "관문은 오사카(逢坂). 스마(須磨) 관문. 스즈카(鈴鹿) 관문..."[14]과 같이 열거하면서 오사카 관문을 첫 번째로 제시했다. 단의 마지막 부분에서는 "남녀가 만나는(逢う) 오사카 관문 역시 그런 식으로 다시 생각하면 분명 쓸쓸할 것이다"[15]고 적었다. 이 글을 통해서 헤이안 시대 오사카 관문은 관문의 대표적 존재였으며, 지명(逢坂)에서 연상되는 만남과 이별이 오사카 관문의 보편적 이미지였음을 추측할 수 있다. 한편 중세 이후의 기록을 살펴보면 와카와 관련된 세미마루 전승이 오사카 관문을 대표하는 이미지로 확립되었음을 확인할 수 있다.

아래 인용한『도와즈가타리(とはずがたり)』의 저자는 오사카 관문에 도착하자 가장 먼저 세미마루의 와카를 떠올린다.

오사카 관문이라는 말을 듣자 "궁전도 초가집도 언젠가 사라지니" 라고 읊으며 살았다는 세미마루의 거처도 흔적조차 없고, 관문의 맑은 물에 비치는 내 모습이 길을 떠난 첫걸음부터 익숙해지지 않는 여행 차림인 것도 대단히 감회가 새로웠다.[16]

14 清少納言・松尾聡ほか校注訳(1997)『枕草子』, 小学館, p.214.
15 『枕草子』, 前掲書, 1997, p.215
16 後深草院二条・久保田淳校注訳(1999)『とはずがたり』(『建礼門院右京大夫集・とはずがたり』所収), 小学館, p.425.

『도와즈가타리』의 성립 시기는 가마쿠라 시대 중반이다. 세미마루는 실존 여부가 불확실한 전설적 인물이지만, 14세기 오사카 관문을 지나는 사람들은 세미마루가 오사카 관문에서 읊었다는 와카와 이에 얽힌 이야기를 떠올리며 그의 흔적을 찾았다. 가모노 조메이(鴨長明, 1155~1216)는 그의 저서에 세미마루와 그의 거처에 대한 기록을 남기고 있다. 조메이는 『호조키(方丈記)』에서 히노산(日野山)에서의 은거 생활을 서술하면서 "때로는 아와즈 들판(粟津の原)을 지나 <u>세미우타 노인의 옛터를 기리고</u> 다나카미가와(田上川)를 건너 사루마루다유의 무덤을 찾는다"[17]고 적었다. 세미우타(蟬歌)는 당대 문헌을 통해 존재가 확인될 뿐 실체가 전해지지 않는 헤이안 시대의 노래이다. 세미마루라는 이름의 유래를 세미우타에서 찾는 연구도 있다.[18] 조메이의 다른 저서인 가론서 『무묘쇼(無名抄)』「세키묘진(関明神事)」항목에는 그가 방문한 세미우타 노인의 옛터를 추측할 수 있는 단서가 담겨있다.

   <u>오사카 관문의 신(逢坂の関の明神)은 과거의 세미마루이다. 그 초가집터를 잃지 않고 그곳에 신이 되어 살고 있다.</u> 지금도 지나가며 보면 닌묘천황(仁明天皇) 때 전령으로 와곤(和琴)를 배우기 위해 요시미네노 무네사다(良岑宗貞) 료노 쇼쇼(良少将)가 드나들었던 일까지 떠오르니 대단하다.[19]

---

17 鴨長明・神田秀夫校注訳(1995)『方丈記』(『方丈記・徒然草・正法眼蔵随聞記・歎異抄』所収), 小学館, p.32.

18 平井喜信(1972)「蟬丸の周辺─その名義について─」『和洋国文研究』8, pp.36-39.

19 鴨長明・久松潜一校注(1961)『無名抄』(『歌論集・能楽論集』所収), 岩波書店, p.53.

이 글에서 조메이는 세미마루가 살던 초가집 터에 신사가 세워졌고, 세미마루는 오사카 관문을 지키는 신이 되었다고 설명하면서 오사카 관문의 신과 습합(習合)한 세미마루 전승을 소개하고 있다. 한편 맹인 모티프는 언급하지 않고, 선행하는 히로마사 일화가 아닌 출처 불명의 요시미네노 무네사다(良岑宗貞, 816~890) 일화를 소개한다. 가모노 조메이가 은거생활을 한 장소가 오사카 관문 부근이라는 점을 고려하면 현지에서 얻은 지식을 바탕으로 서술했을 가능성이 크다. 조메이는 부근을 지나다니면서 신사를 보고 세미마루의 고사(故事)를 떠올린다고 적고 있으며, 오사카 관문 주변에는 『무묘쇼』의 내용과 같은 연기담이 전해지는 신사가 존재한다.

2) 신사 연기담

오사카 관문의 신은 현재 사가현 오쓰시(滋賀県大津市)에 위치한 세키세미마루 신사(関蝉丸神社)와 그 제신(祭神)을 가리킨다. 신사에 전해지는 기록에 따르면 세키세미마루 신사는 822년에 창건되었고, 가미샤(上社)와 시모샤(下社)의 주제신(主祭神)은 각각 '사루타히코(猿田彦)'와 '도요타마히메(豊玉姫)'이다. 세미마루도 제신으로 모시고 있는데 이는 지금의 신사명(関蝉丸神社上社와 関蝉丸神社下社)은 물론 변경 이전의 신사명(上社 '関大明神蝉丸宮', 下社 '関清水大明神蝉丸宮')에도 잘 나타나 있다.[20] 1474년의 오쿠가키(奥書)를 가지고 있는 신사의 연기 「세키

---

20 Web版 『日本歴史地名大系』(平凡社), 2019, 関蝉丸神社,
   https://japanknowledge.com (접속일: 2020.8.15)

시미즈다이묘진세미마루노미야엔기(関清水大明神蟬丸宮縁起)」는   다음
과 같이 신사의 유래를 설명하고 있다.

> 당사 세키시미즈다이묘진이라 함은 과거에는 사카노미야라 부르
> 던 신대(神代)의 사에노카미를 이른다. 왕성의 수호신이기에 세키다이
> 묘진이라 부른다. 그런데 다이고천황(醍醐天皇)의 제4왕자 세미마루노
> 미야가 이 오사카산 주변에 버려졌다. 이분은 문학가도(文学歌道)가 대
> 단히 뛰어나셨다. 세월이 지난 뒤 이 산에 신사를 권청하여 모시게 되
> 었다. 후에 세키다이묘진 신사에 1좌로 권청하여 세키시미즈다이묘
> 진 세미마루노미야라 하였다.[21]

연기에 따르면 세키세미마루 신사는 사카노미야(坂の宮)라 불리던
사에노카미(道祖神)를 모시던 곳이다. 사에노카미는 공동체의 경계
에서 외부로부터 침입하는 악신을 막는 남녀 한 쌍의 신이다. 사루
타히코는 천손강림신화에서 강림하는 천손을 맞이해 지상으로 안
내한 일화로 인해 사에노카미와 동일시되었으며, 도요타마히메는
천손의 후손과 결혼한 해신의 딸로서 지상세계(葦原中つ国)와 바다의
경계에 위치하는 존재이다. 이러한 사에노카미의 속성과 더불어
왕성의 수호신(王城守護の御神)과 세키다이묘진(関大明神)이라는 별칭을
통해서 이곳이 관문(関)의 지리 및 기능적 성격을 기반으로 성립된

---

21 室木弥太郎・阪口弘之編(1990)『関蟬丸神社文書』, 和泉書院, p.1.(斉藤利彦(2013)
   「逢坂山と関清水蟬丸宮: ささら説経と蟬丸信仰を中心に」『歴史学部論集』3, p.29 재
   인용)

신사라는 것을 어렵지 않게 짐작할 수 있다.

그렇다면 사에노카미를 모시던 신사에 세미마루가 합사된 이유는 무엇일까. 연기가 세미마루를 '오사카산'과 인연이 있는 '다이고천황(醍醐天皇, 885~930)의 제4황자'로 설명하는 부분에 주목하고자 한다.

중세시대 천황은 정치적 실권을 상실했지만『니혼쇼키(日本書紀)』로 대표되는 황실의 신화는 신도 세계관에서 여전히 큰 힘을 발휘했다. 황실의 권위가 떨어지자 황실의 신화에 대한 접근성은 높아졌다. 일본 각지의 신사는 황실의 혈통을 잇는 존재 가운데 관련성이 있는 대상을 골라 본지(本地)로 내세우거나 합사하며 적극적으로 신분 상승을 도모했다. 세미마루를 다이고천황의 제4황자라고 주장하는 새로운 세미마루 전승 역시 이러한 움직임 속에서 생성되어 성장했다고 해석할 수 있을 것이다.

한편 연기는 세미마루가 "오사카산 주변에 버려졌다"고만 기록하고 버려진 원인에 대해서는 언급하지 않는다. 뒤에서 검토할 중세 요쿄쿠(謠曲)「세미마루」는 '눈이 보이지 않는 장애', 근세 지카마쓰 몬자에몬(近松門左衛門)의「세미마루」에서도 역시 실명을 이유로 오사카산에 버려진다. '버려졌다'는 부정적 표현을 사용하면서도 구체적인 이유를 제시하는 않는 까닭은 무엇일까. 그것은 장애에 대한 부정적 사회인식으로 인해 제신에 대한 부정적 서술을 기피하려는 의도가 작용했기 때문으로 추정된다. 헤이안 시대 확립된 맹인 모티프가 한정적 확산을 보이며 특히 황자 모티프와 맹인 모티프가 함께 서술된 예를 거의 찾아보기 힘든 이유 역시 장애에 대한 부정적 사회의식의 반영이 아닐까 생각된다.

아래 인용문은 에도시대 아사이 료이(浅井了意)의 대표작『도카이도
메이쇼키(東海道名所記)』에 기록된 세키세미마루 신사의 연기담이다.

　　세키노묘진은 세미마루이시다. "바로 이곳이 오가는 사람 모두 헤
어져도 또"라고 읊으신 노래는 이곳에서 있었던 일이다. 오사카산에
은거하며 비파를 연주하면서 세상을 벗어나 즐기셨다. 그때 노래에
　　이 세상이란 이래도 저러해도 살아지는 것 궁전도 초가집도 언젠
가 사라지니
　　라고 읊은 초암, 초가집 터이다.
　　닌묘천황(仁明天皇) 치세, 뒤에 출가하여 승정 헨조(僧正遍昭)라 불린
요시미네노 쇼쇼 무네사다(良峯の少将宗貞)가 젊었을 때, 왕명을 받고
이곳에 와서 와곤(和琴)을 배웠다. 세미마루는 비파, 와곤 연주가 출중
하여 견줄 대상이 없었다.[22]

와곤에 얽힌 무네사다 일화를 비롯해 내용의 유사성으로부터 가
모노 조메이의『무묘쇼』를 참고했다고 추정된다. 맹인 모티프는
보이지 않고, 세미마루는 오사카산에 버려진 것이 아니라 세상을
벗어나 그곳에 은거하며 비파를 연주하며 즐겁게 살아간다. 그러
나 같은 책에 수록된 또 다른 세미마루 전승에는 다음과 같이 '다이
고천황의 제4황자' '비파법사의 시조'의 모티프를 담고 있다.

22　浅井了意・朝倉治彦校注(1979)『東海道名所記(2)』, 平凡社, p.135.

일본의 경우, 다이고천황의 제4황자 세미마루가 오사카산에 은거
하며 견줄 사람이 없을 정도로 비파 솜씨가 뛰어나니, 오늘날 비파법
사의 시조가 되어 그 계통을 잇고 있다고 하는데… (이하 생략)[23]

비파법사는 세키세미마루 신사에서 통행증을 발급받았으며, 세
미마루 전승을 통해 자신들의 유래를 노래하며 전국을 떠돌았다.
다시 말해 비파법사 시조 전승은 맹인 세미마루에 대한 내용을 담
고 있음에도 장애는 직접적으로 언급되지 않는 경우가 많다. 이어
서 살펴볼 자료에서도 이러한 성격을 확인할 수 있다.

3) 황자 세미마루

가) 시노미야의 지명 유래담

고귀한 황족의 신분을 획득한 세미마루 전승은 일본 전국으로
퍼져나갔다. 오사카 관문을 지나는 여행자와 세미마루를 시조로
섬기는 비파법사가 전승의 확산에 크게 이바지했을 것이다. 작자
미상의 중세기행문『도칸키코(東関紀行)』의 아래 인용문을 보면 오사
카 관문, 비파, 와카라는 헤이안 시대에 확립된 세미마루 전승의 특
징과 함께 천황의 아들이라는 새로운 모티프를 확인할 수 있다. 그
러나 여전히 맹인이라는 서술은 보이지 않고 '속세를 떠난 사람'으
로 묘사하고 있다.

---

23 浅井了意・朝倉治彦校注(1979)『東海道名所記(1)』, 平凡社, p.185.

히가시야마(東山) 부근에 있는 집을 떠나 오사카 관문을 지날 때 …
(중략)… 옛날 세미마루라는 속세를 떠난 사람이 이 관문 근처에 초가
집을 짓고 언제나 비파를 켜며 마음을 가라앉히고 와카를 읊어 생각
을 표현했다. 거센 폭풍을 견디며 살고 있었다. 어떤 사람이 말하기를
"세미마루는 다이고천황의 제4황자이기에 이 관문 주변을 시노미야
(四の宮)라 이름 붙였다"고 했다.[24]

세미마루를 천황의 아들로 설명하는 예는 가쿠이치본(覚一本) 계
열 『헤이케모노가타리』 권10 「가이도쿠다리(海道下)」에서도 볼 수
있다. 그러나 아래 인용문에서 알 수 있듯이 히로마사의 일화를 소
개하면서도 세미마루를 맹인으로 묘사하지 않는다.

시노미야 강변(四宮河原)에 도착하니, 이곳은 옛날 다이고천황의 제
4황자 세미마루가 관문에 부는 거친 바람에 마음을 가라앉히고 비파
를 연주하는 곳에 하쿠가노 산미(博雅の三位)라는 사람이 바람이 부는
날도 불지 않는 날도, 비가 오는 밤도 오지 않는 밤도 매일 밤 찾아와
서서 들으며 세 곡을 전수받았다고 하는데 초가집의 옛 모습도 떠올
라 감회가 깊다.[25]

맹인 세미마루상이 확립되는 계기가 된 작품은 요쿄쿠 「세미마
루」이다. 이 작품을 살펴보기에 앞서 『도칸키코』와 『헤이케모노가

---

24 長崎健ほか校注訳(1994) 『東関紀行』(『中世日記紀行集』所収), 平凡社, p.109.
25 市古貞次校注訳(1994) 『平家物語』, 小学館, p.283.

타리』에 공통적으로 등장하는 지명 '시노미야(四宮)'에 대해 확인하
고자 한다. 시노미야는 현재의 교토시 야마시나구(京都市山科区) 부근
에 해당하는 지역이다. 이곳은 헤이안쿄(平安京)에서 동쪽으로 이어
지는 도카이도(東海道) 상에 위치하는 교통의 요충지로서 시장이 열
리고 예능인이 모여 활동하는 주요 무대였다. 『일본역사지명대계
(日本歴史地名大系)』에 따르면 시노미야라는 지명은 이곳에 제4황자가
살았기 때문에 붙여진 이름이다. 이곳에는 닌묘천황(仁明天皇, 810~
850)의 제4황자 사네야스친왕(人康親王, 831~872)이 출가 후에 거주한
산장이 있었다. 사네야스친왕은 눈병을 앓고 실명하게 되자 출가
를 결심했으며, 와카는 물론 뛰어난 비파실력의 소유자였다고 전
해지는 인물이다. 사후 모로하신사(諸羽神社)에서 제신으로 모셔지며
맹인 예능인들의 신앙의 대상이 되었다. 도도(当道)는 무로마치시대
이후 막부공인의 맹인 자치조직으로 일본 전국의 맹인예능인을 관
리한 조직이다. 1634년 도도가 자료를 모아 편찬한 『도도요슈(当道
要集)』에도 사네야스친왕을 도도의 시조로 명기하고 있다.[26]

　오사카 관문과 시노미야의 지리적 인접성, 전승 내용의 유사성
을 고려하면 전개과정에서 세미마루 전승이 사네야스친왕 전승의
영향을 받았음을 어렵지 않게 유추할 수 있다.[27] 세미마루 전승과
사네야스 전승은 중세 이후에도 영향을 주고받으며 전개되었다.
일례로 아사이 료이가 1670년 저술한 『가나메이시(かなめいし)』 하권

26　Web版『日本歴史地名大系』(平凡社), 2019, '四宮河原' '人康親王山荘跡', 日本歴
　　史地名大系, https://japanknowledge.com (접속일: 2020.8.15)
27　松田存(1994) 「四ノ宮河原抄考―謡曲「蝉丸」をめぐって―」『二松』第八集, pp.261-
　　275.

에 수록된 '여러 신사에 전해지는 신탁(諸社の神託の事)'은 "오쓰의 시
노미야는 황공하옵게도 다이고천황의 제4황자 세미마루이시다.
'궁전도 초가집도 언젠가 사라지니'라고 오사카 관문 근처에 은
거"[28]했다고 적고 있다. 사네야스친황 전승(시노미야의 모로하신사 연기
담)과 세미마루 전승(오사카 관문의 세키세미마루신사 연기담)을 혼동하여
기록하고 있는 것이다.

나) 맹인 모티프

독립된 작품으로 풍성한 내용을 담고 있으며 맹인 세미마루상
확립에 결정적 역할을 한 작품으로 요쿄쿠 「세미마루」를 꼽을 수
있다. 신편일본고전문학전집에 수록된 작품해설에 따르면 곡의 작
자는 알 수 없지만 제아미(世阿弥 1368~1443)의 공연기록을 통해서 성
립 시기를 추정할 수 있다.[29] 주요 등장인물은 눈이 보이지 않는 장
애를 이유로 버려진 다이고천황의 제4황자 세미마루와 정신적 장
애를 안고 왕궁을 떠나 방랑하는 다이고천황의 제3황녀 사카가미
(逆髪)이다. 버려진 남매는 초가집에서 흘러나오는 비파 소리에 이
끌려 재회하고 서로의 처지를 한탄하고 헤어진다.

요쿄쿠 「세미마루」는 세미마루와 사카가미의 신분과 장애에 대
해서 원인과 주변의 반응 등이 구체적으로 서술되어 있다. 아래 인
용문은 세미마루가 오사카산에 버려지는 부분이다.

---

28 浅井了意・井上和人校注訳(1999)『かなめいし』(『仮名草子集』所収), 小学館, p.71.
29 小山弘志ほか校注訳(1998)「蝉丸」『謡曲集(2)』, 小学館, p.91.(이하 요쿄쿠 「蝉丸」
　인용문은 같은 책을 사용하며 페이지만 표기)

(C) 와키 ㄱ 〈사시〉 이분은 <u>다이고천황의 제4황자이신 세미마루</u>
<u>노미야이십니다.</u>

와키・와키쓰레 ㄱ 참으로 모든 일이 인과응보인 덧없는 세상이다.
<u>전생에 엄격히 계행(戒行)하여 지금 천황의 아들이 되셨지만, 어렸을</u>
<u>때부터 어찌 된 영문인지 두 눈이 보이지 않아</u> 푸른 하늘에 해와 달의
빛이 없고, 어두운 밤에 밝힌 불도 어둡고, 새벽녘 내리는 비도 그치
지 않았다.

와키 ㄱ 이렇게 밤을 새우며 보내실 때, 왕은 무슨 생각이신지.

와키・와키쓰레 ㄱ 남몰래 동행하여 <u>오사카야마에 버리고 오라 말</u>
<u>씀하시고 머리를 깎으라 하시니,</u> 왕의 말씀임에는 변함없는지라 형
용할 수 없이 마음이 아파도 왕명이라 어쩔 수 없이 …(이하 생략)[30]

(D) 와키 ㄱ 그런데 우리 왕은 요와 순 이래의 성왕으로 나라를 다
스리고 백성을 긍휼히 여기는데, 이런 결정은 대체 무엇이라 해야 할
지. 이렇게 생각지도 못한 일은 없을 것입니다.

쓰레 ㄱ 아 어리석은 기요쓰라(淸貫)의 말이로구나. <u>본래 눈이 보이</u>
<u>지 않는 몸으로 태어난 것은 전생의 계행이 부족했기 때문이다.</u> ㄱ그
렇기에 아버지께서 산야에 버리는 것이 무정하게 보여도 <u>이번 생에서</u>
<u>과거의 업장(業障)을 씻고 후세를 구원하고자 하심이니, 이야말로 진</u>
<u>정한 부모의 자애이다.</u> 슬퍼해서는 안 되는 어명이다.[31]

요쿄쿠「세미마루는 불교의 윤회 사상을 바탕으로 천황의 아들

---

30 「蟬丸」, 前揭書, p.92.
31 「蟬丸」, 前揭書, pp.93-94.

로 태어난 이유와 눈이 보이지 않는 이유를 모두 전생의 인과에서
찾고 있다. 전생의 '계행(戒行)' 즉 계를 받고 계법에 따라 수행한 결
과에 따라서 충분한 계행에 대한 상으로 천황의 아들이라는 신분
을(C), 부족한 계행에 대한 벌로 눈이 보이지 않는 장애를 가지고
태어났다(D)고 설명한다. 천황의 아들과 맹인은 대립하는 요소로
제시된다. 자식을 버리는 아버지의 행위 역시 윤회 사상으로 정당
화하며 오히려 자식의 후세를 구원하려는 행위로 칭송한다. 이러
한 윤회 사상은 또 다른 등장인물 사카가미에게도 적용된다.

> 시테ヽ 나는 다이고천황의 제3황녀, 사카가미(逆髮)는 바로 나이다.
> 나는 천황의 자식으로 태어났지만, 언제의 인과 때문인지 때때로 광
> 란상태가 되어 ヽ도성에서 멀리 떨어진 변방의 광인이 되어, 검고 윤
> 기 나는 머리카락은 하늘을 향해 자라나 빗질을 해도 내려오지 않는
> 다(앞으로 늘어뜨린 머리카락을 왼손으로 쓰다듬고 바라본다).[32]

요쿄쿠 「세미마루」에 등장하는 사카가미는 전생의 인과로 인해
머리가 하늘을 향해 자라는 이형(異形)의 존재로, 정신적 장애를 지
닌 광인이기도 하다. 위 인용문에서 사카가미는 자신의 외모를 비
웃는 아이들에게 너희처럼 낮은 신분의 사람이 황족인 나를 비웃
는 것이야말로 이치를 거스르는 일이라고 말한다. 극중에서 남매
는 "우리는 무슨 연유인지 황자 신분을 벗어나 신하와도 어울리지

---

32 「蟬丸」, 前揭書, pp.97-98.

못하고 도성의 하늘을 떠나 헤매며 살아오다 먼 시골의 광인과 길바닥 산중의 비천한 몸이 되어 벽촌 여행자의 연민에 의지할 뿐이다"[33]라고 한탄하다. 남매는 맹인과 광인이라는 '비천한 신분'으로 떨어져 사람들의 비웃음과 연민을 사는 슬픈 운명으로 그려진다. 그러나 요쿄쿠 「세미마루」에 등장하는 장애는 윤회의 이치를 설명하기 위한 도구로 등장하며 중세시대 세미마루 전승은 다양한 변모를 보이며 전개되었다. 천황의 아들이라는 고귀한 신분을 획득하고 신사의 제신으로 모셔지면서도 동시에 등장인물의 장애가 강조되어 세간의 비웃음과 동정의 대상으로 묘사되기도 했다. 이러한 변용의 배경에는 사네야스친왕 전승 등 주변지역 타전승의 영향을 포함해 다양한 원인이 존재하며 그중에서도 세미마루 전승의 주요 생산자이며 발신자인 맹인예능인이 중요한 위치를 차지했다. 그런 이유에서 세미마루 전승과 맹인 모티프는 뗄 수 없는 밀접한 관계가 있었다. 한편 맹인예능인의 시조와 신사의 제신으로 자리매김하는 과정에서 세미마루의 맹인 모티프가 강조되었지만 장애에 대한 사회적 차별의식은 변하지 않았다. 이러한 차별의식이 맹인 세미마루상이 성립되어 비파법사를 통해 전파된 이후에도 가쿠이치본 계열『헤이케이야기』처럼 눈이 보이지 않는 장애에 대한 구체적 묘사가 보이지 않는 문헌을 만들어냈다고 추정된다.

---

33 「蝉丸」, 前揭書, pp.102-103.

4. 근대

근대는 세미마루 전승에 직접적 통제와 탄압이 가해진 시기였다. 가부키 등의 공연예술은 에도시대부터 대본검열을 통해 막부의 통제를 받았지만, 노가쿠(能楽, 노와 교겐)는 오랜 기간 검열로부터 자유로웠다. 정치적 이유로 노가쿠 상연에 제도적으로 검열이 가해지고 극의 내용과 대사가 개정된 것은 1930년 이후의 일이다.

1931년 일제가 만주를 침략한 이후 전시체제에 돌입하자 영화와 공연예술에 대한 군부의 통제와 검열은 한층 엄격해졌다. 그러나 그런 분위기 속에서도 노가쿠에 대해서는 공식적 검열이 이루어지지 않았다. 노가쿠의 내용이 처음으로 정치적 논쟁에 휩싸인 작품이 바로 「세미마루」였다. 1934년 2월 8일, 현재 마이니치 신문(毎日新聞)의 전신인 『도쿄니치니치 신문(東京日日新聞)』에 "불온한 문구를 이유로 요쿄쿠 「세미마루」 폐곡되는가? 내무성이 검토하여 조만간 각 가문의 이에모토(家元)와 정식으로 교섭 예정"이라는 제목으로 다음과 같은 기사가 실렸다.

> 요쿄쿠 「세미마루」라는 곡은 내용이 사실(史実)에 반하며 게다가 마치 황실의 존엄을 해하는 문구로 가득하기 때문에 이를 이대로 방임하는 것은 국민으로서 좌시할 수 없다고 일본정신협회(회장 기쿠치 다케오 남작)의 이사 모리 기욘도(森清人)씨는 7일 오후 내무성의 나카자토 기이치(中里喜一) 도서과장을 방문하여 「세미마루」를 폐곡해달라 진정했다. 나카자토 과장은 즉시 내무성 내부에서 상의했는데 이 곡

의 내용이 아무리 불온해도 오랫동안 고전으로 이어져 내려온 이상 이제 와 폐곡처분하는 것도 무정한 처사이지만 그렇다고 불온함이 명확한데 이대로 묵과할 수도 없기에 경무과와 상담하여 모종의 처분을 내리기로 하였다. 당국의 의중은 각 가문의 이에모토와 교섭하여 「세미마루」의 상연을 영구히 금지하고자 하는 의향으로 조사를 진행하고 있는듯하다.[34]

당국의 처분은 명기되지 않았으나 밑줄 친 부분은 요쿄쿠 「세미마루」의 영구금지를 목표로 하고 있다는 인상을 준다. 실제로 이후 당국은 황족의 존엄을 위협한다는 이유로 황족이 등장하는 작품의 공연을 금지하고 직접 검열에 나섰다. 「오하라고코(大原御幸)」의 상연이 금지되었고, 노가쿠 관계자들이 모여서 극대본인 우타이본(謠本)의 개정작업에 착수하게 되었다. 황족이 등장하는 노가쿠 작품 가운데 「세미마루」가 검열의 도화선이 된 것은 결코 우연이 아니다. 전시 하에서 천황을 중심으로 절대권력을 행사하던 군부정권과 추종자들에게 신체와 정신적 장애를 가진 황족이 등장하는 「세미마루」는 용납할 수 없는 대상이었을 것이다. 강하고 아름다운 일본을 만든다는 미명 아래 식민지는 물론 일본 국내에서도 장애인과 나병환자 등은 비(非)국민의 낙인이 찍혀 배제와 차별의 대상이 되었다. 1940년 제75회 제국회의에서는 국민우생법의 일환으로 단종법(斷種法)이 제정되어 1941년 7월 1일부터 시행되면서 정신병

---

34 中村雅之(2004)「戰時体制下における天皇制の変容―『蝉丸・大原御幸事件』と謠本改訂」『能と狂言』第二号, p.105.(재인용)

환자와 장애인 등에게 불임시술이 이루어졌다.[35] 요쿄쿠 「세미마
루」에 대한 강경한 대응은 장애에 대한 당시의 차별의식을 보여주
는 상징적인 예라고 할 수 있다.

위 기사가 나고 5개월 뒤, 1934년 7월 홋카이도 오타루시(北海道小
樽市)에서 「세미마루」와 관련한 소동이 일어났다. 이때는 아직 내무
성의 자숙요청이 강제성을 띠지 않았던 시기였기에, 당시 홋카이
도에서 순례 공연 중이던 호쇼류(宝生流) 일행은 7월 28일 오타루시
의 거상 오카자키 겐(岡崎謙)의 별장에서 「세미마루」를 공연할 예정
이었다. 호쇼류의 기관지『호쇼(宝生)』에 실린 순연일기에 따르면
오타루 공연에서 세미마루 역을 맡은 사람은 뒤에 인간문화재로
등재된 곤도 겐조(近藤乾三)였다. 곤도의 회상에 따르면, 내용이 불경
하다는 이유로 경찰에 신고가 접수되었고 우여곡절 끝에 형사의
감시를 받으며 간신히 공연을 마칠 수 있었다.[36] 이 공연을 끝으로
1947년까지 「세미마루」는 상연되지 못했다. 공식적으로는 자숙이
었지만 사실상 폐곡이었던 셈이다.

호세대학(法政大学) 노가쿠연구소는 우타이본 개정과 관련한 약
40점의 자료를 소장하고 있다. 「쇼와15년 우타이본개정관계자료」
로 분류된 자료 가운데 세미마루 사건을 바라보는 당시 여론을 보
여주는 자료가 있다. 홋카이도에서 선출된 귀족원위원 가네코 모
토자부로(金子元三郎)가『호쇼』의 편집인이었던 사노 이와오(佐野巌)에

35 黒川みどりほか(2015) 「アジア・太平洋戦争と動員される差別ー「国民」と「非国民」
『差別の日本近現代史ー包摂と排除のはざまで』, 岩波書店, pp.88-91.
36 中村雅之(2004), 前掲論文, pp.105-106.

64

게 보낸 1937년 9월 23일자 편지이다. 가네코는 편지에서『호쇼』9월
호에 실린「전쟁과 노카쿠」라는 제목의 야스이데 마스히토(安出益人)
의 기사를 맹렬히 비판하면서 요쿄쿠「세미마루」는 상연자숙에서
그치지 말고 나아가 우타이본에서 배제하고 폐곡처분해야 한다고
강력하게 주장했다.[37]「세미마루」에 대한 적대적 여론에서 천황 중
심의 황국사관과 함께 장애에 대한 부정적 사회의식을 발견할 수
있다.

5. 맺음말

이상으로 등장인물의 장애를 중심으로 세미마루 전승의 전개 양
상과 시대 담론을 헤이안 시대부터 근대까지 통시적으로 살펴보았
다. 헤이안 시대 오사카 관문을 배경으로 읊은 와카로 시작된 세미
마루 전승은 타(他)전승과 영향을 주고받으며 다양하게 전개되었
다. 초기 세미마루는 초가집에 사는 걸인 또는 시종이라는 미천한
신분으로 묘사되었지만, 신사의 연기담 그리고 예능집단 시조전승
과 결합하는 과정에서 천황의 아들로 신분 상승을 이루었다. 이러
한 전개의 배경에는 황실의 권위를 빌어 신분 상승을 시도한 신사
와 공동체의 의도가 자리 잡고 있었다. 맹인 모티프는 맹인 예능집
단의 시조 전승과 직결되는 핵심 요소였으나 맹인 세미마루 전승

---

37 中村雅之(2004), 前掲論文, pp.106-107.

이 널리 알려진 중세 이후에도 맹인 모티프가 배제된 기록을 다수 확인할 수 있었다. 이 글에서는 이러한 특징에 장애에 대한 차별적 사회의식이 반영되었다고 파악하고 황자에 대한 부정적 서술을 기피한 결과로 해석하였다. 황족과 장애에 대한 사회인식은 근대초기 이루어진 요쿄쿠「세미마루」에 대한 탄압에서 더욱 선명하게 드러났다. 천황중심 제국주의 대두 속에서 장애인 황족이 등장하는 요쿄쿠「세미마루」가 정부검열의 도화선이 되어 직접적 통제와 탄압이 가해진 것이다. 요쿄쿠「세미마루」에 대한 검열과 탄압 정황을 통해서 정치권력과 장애에 대한 당대의 사회 인식을 확인할 수 있었다.

| 참고문헌 |

浅井了意・朝倉治彦校注(1979)『東海道名所記(1)』, 平凡社.

＿＿＿＿＿＿＿＿＿＿＿(1979)『東海道名所記(2)』, 平凡社.

浅井了意・井上和人校注訳(1999)『かなめいし』(『仮名草子集』所収), 小学館.

市古貞次校注訳(1994)『平家物語』, 平凡社.

鴨長明・神田秀夫校注訳(1995)『方丈記』(『方丈記・徒然草・正法眼蔵随聞記・歎
　　異抄』所収), 小学館.

鴨長明・久松潜一校注(1961)『無名抄』(『歌論集・能楽論集』所収), 岩波書店.

黒川みどりほか(2015)「アジア・太平洋戦争と動員される差別ー「国民」と「非国民」『差
　　別の日本近現代史ー包摂と排除のはざまで』, 岩波書店.

国際日本文化研究センター・和歌データベース(2002),『後撰和歌集』,
　　https://lapis.nichibun.ac.jp/waka/menu.html(접속일: 2020.8.15)

小峯和明(2001)「蝉丸の琵琶ー秘密の対座」『説話の森ー中世の天狗からイソップまで』,
　　岩波書店.

小山弘志ほか校注訳(1998)「蝉丸」『謡曲集(2)』, 小学館.

後深草院二条・久保田淳校注訳(1999)『とはずがたり』(『建礼門院右京大夫集・とは
　　ずがたり』所収), 小学館.

斉藤利彦(2013)「逢坂山と関清水蝉丸宮 : ささら説経と蝉丸信仰を中心に」『歴史学部
　　論集』3.

清少納言・松尾聡ほか校注訳(1997)『枕草子』, 小学館.

近松門左衛門・三木竹二ほか校訂(1923)「蝉丸」『原作近松門全集(後編)』, 共益社
　　出版部.

長崎健ほか校注訳(1994)『東関紀行』(『中世日記紀行集』所収), 小学館.

中村雅之(2004)「戦時体制下における天皇制の変容ー『蝉丸・大原御幸事件』と謡本
　　改訂」『能と狂言』第二号.

萩原朔太郎(1940)「能の上演禁止について」『阿帯　萩原朔太郎随筆集』, 河出書房,
　　1940.

平井喜信(1972)「蝉丸の周辺ーその名義についてー」『和洋国文研究』8.

藤原公任撰・菅野禮行校注訳(1999)『和漢朗詠集』, 小学館.

松田存(1994)「四ノ宮河原抄考ー謡曲「蝉丸」をめぐってー」『二松』第八集.

馬淵和夫ほか校注訳(2001)『今昔物語集(3)』, 小学館.

源俊頼撰・橋本不美男校注訳(2002)『俊頼髄脳』(『歌論集』所収), 小学館.

Web版『国史大辞典』, 吉川弘文館(2010), https://japanknowledge.com(접속일: 2020.8.15)

Web版『日本歴史地名大系』, 平凡社(2019), https://japanknowledge.com(접속일: 2020.8.15)

제3장

사회적 차별과 서벌턴(나가사키 피폭자)
가톨릭 신자 나가이 다카시(永井隆)의 『나가사키의 종(長崎の鐘)』을 중심으로

오 성 숙

1. 머리말

2021년 8월 9일, 피폭 76주년 나가사키 원폭 희생자 위령 평화기원식(被爆76周年長崎原爆犧牲者慰霊平和祈念式典)이 평화의 상징 나가사키의 종(長崎の鐘)이 울리며 시작된다. 올해 1월 핵무기의 개발 및 제조, 사용 등을 전면 금지하는 '핵병기 금지 조약'이 발표되고 처음 맞는 '나가사키 원폭의 날'[1]이기도 한다.

지금으로부터 76년 전, 1945년 8월 6일 8시 15분 히로시마, 8월

---

[1] 「長崎原爆の日、各地で追悼　平和願って万灯流し」『朝日新聞』, 2021.08.09.

9일 11시 2분 나가사키에 원폭이 투하되었다. 사상자는 히로시마 21만 명, 나가사키 14만 명이라고 알려져 있다. 그러나 히로시마시에 따르면, 현재에도 원폭에 의한 사망자 수는 정확하게 알 수 없다[2]는 점에서 그 피해의 심각성을 잘 보여주고 있다. 피폭된 외국인 중에는 히로시마, 나가사키의 조선인 7만 명이 가장 큰 피해를 입었고 중국인이 천여 명, 히로시마의 동남아시아 출신 유학생, 미군 포로, 독일인 신부, 러시아인 등[3]도 있다. 당시의 사상자뿐만 아니라 잔류 방사선에 의한 피폭자 그리고 피폭 2세, 3세의 불안과 고통은 현재에도 계속되고 있다.

원폭(核)의 위험성과 범죄성을 문제시하고 원폭 피해에 대한 증언이 이어지지만, 아직도 침묵이 한편을 차지하고 있다. 2021년 8월 10일 『아사히신문(朝日新聞)』에는 나가사키 원폭의 고통과 차별로 침묵해온 동화작가 오카 노부코(岡信子)의 인터뷰를 싣고 있다. 노부코는 "76년이 지난 지금도 고통 속에 있으며 피폭자라는 마음의 상처를 지니고 살아왔다"면서 "패전(終戰) 이후 피폭자에 대한 편견에 시달려 '원폭은 떠올리고 싶지도 않다. 말해도 알아줄 리 없다'라고 생각했다. 15년 전에 죽은 남편, 지금은 떨어져 사는 아이 둘에게도 이야기하지 않았다."[4] 라고 고백한다. 여기에는 '원폭'에 의한 고통, 그리고 편견과 차별이 존재하고 있음을 알 수 있다.

본 논문은 이러한 '원폭'에 의한 고통 그리고 편견과 차별에 주

2　広島市, 2019, '死傷者について'
　　https://www.city.hiroshima.lg.jp/soshiki/48/9400.html(검색일: 2021.2.6)
3　講談社 編(1989)「広島・長崎の惨禍」『昭和二万日の全記録』第7巻, 講談社, p.120.
4　「9日に長崎平和式典92歳被爆者代表「残された務め」」『朝日新聞』, 2021.08.10.

목하여, 나가이 다카시(永井隆, 1903~1951)의 『나가사키의 종(長崎の鐘)』
을 중심으로 살펴보고자 한다. 『나가사키의 종』은 나가사키의 피
폭자이자 방사선과 의사 나가이 다카시(永井隆, 1903~1951)가 원폭에
대한 경험을 쓴 수기로 원폭 기록의 원전(原典)이라고 불린다. 이에
대한 선행연구는 '신의 섭리'와 '시련' 그리고 '일본의 성지 우라카
미가 제단에 바쳐질 순결한 희생양으로 선택'된 것이라는 다카시
의 발언으로부터, '우라카미 번제설'에 대한 비판[5]이 중심이 되고
있다. 여기에는 가톨릭 신자 나가이의 관점으로 말미암아 인간의
전쟁책임, 미국의 전쟁책임, 원폭 투하책임을 물을 수 없게 된 점을
비롯하여 원폭 투하의 정당성을 확보하게 했다는 점을 지적하고
있다. 반면, 기리시탄 박해와 수난의 연장선에서 살펴봐야 한다는
혼다(本島)의 논의[6]가 있다. 본 논문은 이러한 선행연구의 업적을 오
롯이 이어받으며, 더 나아가 나가사키에서 소외된 서벌턴 우라카
미 피폭자의 증언에 주목하여 그들의 서벌턴적 상황을 드러내고자
한다. 스피박에 의하면 서벌턴은 제국주의와 지배 이데올로기에
의한 억압적 권력 구조 안에서 자신들의 목소리를 낼 수 없는 존재
로서 규정한다. 본 논문에서도 이러한 스피박의 서벌턴 개념을 수
용하여 논의를 진행하고자 한다.

---

5 다카하시 신지(高橋真司), 고니시 데쓰로(小西哲郎) 대표적이다. (高橋真司(2004)
   『続・長崎にあって哲学する―原爆死から平和責任へ―』, 北樹出版, p.102, 小西哲
   郎(2017) 「発題被爆地ナガサキから―「浦上燔祭説」成立の背景と問題点」 『日本の
   神学』 56, 日本基督教学会, pp.154-159)

6 横田信行(2008) 「赦し―長崎市長本島等伝―」, にんげん出版, pp.200-201. 인용은
   西村明(2001) 「祈りの長崎―永井隆と原爆死者―」 『東京大学宗教学年報』 19, 東京
   大学文学部宗教 学研究室, p.49에 의한다.

따라서 이 글에서는 먼저, 나가사키시 우라카미의 피폭 상황을
살펴보고자 한다. 그리고 다카시의 전쟁 관련 담론을 통해, 일본과
미국의 전쟁책임에 대해 다루고자 한다. 더 나아가 피폭 사망자를
천벌을 받은 자로서 단죄하는 담론이 먼저 존재하는 한편, 그 대항
으로서 은총, 흠 없는 속죄양이라는 다카시의 담론이 형성되었다.
따라서 마지막으로 나가사키 원폭이 아닌 우라카미 원폭(浦上のピカドン)
으로 불린 우라카미 피폭자의 서벌턴적 상황을 살펴보고자 한다.
우라카미에는 정치적, 종교적 박해의 기리시탄과 피차별 부락민이
라는 차별이 존재하고, 이에 더해 원폭이 더해지는 이중의 사회적
차별(사회권력)이 내재하고 있음을 밝혀보고자 한다.

2. 75년 생존불능설: 나가사키 원폭 피해 상황

『나가사키의 종』에는 8월 9일 11시 2분 나가사키의 우라카미에
원폭이 떨어진 당시의 상황이 잘 묘사되고 있다. 모조리 사라진 황
량한 벌판에는 온통 불바다였다.

8월 9일 11시 2분 우라카미(浦上)의 중심 마쓰야마 마을의 상공 5백
5십 미터의 한 점에 한 발의 플루토늄 원자폭탄은 폭발하고 초속 2천
미터의 풍압에 맞먹는 거대한 에너지는 순식간에 지상의 모든 물체
를 압력으로 뭉개고, 분쇄해 날린다. 곧이어 폭심지에 발생한 진공은
그 일대를 다시 공중으로 끌어올려 내동댕이쳤다. 9천 도라는 고열이

모두 태워버리고, 더욱이 작렬한 탄체 파편은 불덩어리의 비로 내리고 금세 일대는 맹렬한 불길을 일으킨 것이다. 추정 3만 명이 목숨을 잃고 10여만 명이 중경상을 입고 더욱이 방사선에 의한 원자병 환자는 셀 수 없이 발생한다는 것이다.[7]

진리 탐구야말로 우리의 생명, 이것만 열렬하다면 외관의 추함은 문제가 아니다. 원자는 처음으로 인류 머리 위에서 폭발했다. 어떠한 증상을 야기할까, 지금 우리들이 진료하고 있는 환자야말로 의학사에서 완전히 새로운 자료인 것이다. 이것을 놓치는 것은 단순히 자기기만에 그치는 것이 아니라 귀중한 연구를 포기하는 것이 되고 과학자로서 용서할 수 없는 일이다.   (p.172)

이러한 자세한 묘사에는 방사선과 의사이자 방사능에 대한 실험과 연구를 계속해온 다카시의 관찰이 한몫하고 있다. 다카시는 방사선 연구에 따른 방사선의 과다노출로 1945년 6월 백혈병 진단을 받고 8월 9일 근무지 나가사키대학병원에서 피폭되었다. 피폭자로서 과학자로서의 생명 탐구라는 사명감과 이중 피폭으로 길지 않은 삶을 예감하면서 '인류 역사상 대사건의 실상을 세상에 전해야 한다'[8]는 절박함이 작용했을 것이다. 그러한 상황에서 쓴 『나가사

---

7 永井隆(1949)『長崎の鐘』, 日比谷出版. 인용은 昭和戦争文学全集編集委員会 編(1965)『長崎の鐘』『昭和戦争文学全集 13 原子爆弾投下さる』, 集英社, p.144. 이하 인용은 페이지만을 표기한다.
8 나가이 다카시 저, 김재일 역(2011) 「저자 서문」『그날, 나가사키에 무슨 일이 있었나』, 섬, p.8.

키의 종』이 원폭 기록의 원전으로 불리는 까닭일 것이다.

단 한방으로 이렇게 많은 생명을 빼앗아간 폭탄의 정체에 궁금해하던 가운데, 적기(敵機)가 뿌린 삐라에서 '원자폭탄'이라는 글자를 발견한다.

> 사람이라고 보기 어려운 부풀어 오른 얼굴과 살가죽이 벗겨진 괴상한 벌거숭이 환자들이 저마다 부르짖으며 가득 모여들었다. (중략) 병원 복도와 실내에 쓰러져 있는 수는 엄청났고, 그 모습이 하나같이 옷이 찢겨 날아가고 피부가 벗겨지고 베이고, 흙을 뒤집어써서 잿빛이 되어 마치 이 세상 사람이라고는 생각되지 않았다. (p.145)

다카시는 원자폭탄의 방사선에 대해 익히 알고 있었다. 함부르크에는 방사선 노출에 의한 원자병으로 죽은 전 세계의 학자들을 기리는 추모비가 있다는 사실도 알고 있었다. 처음 방사선 의학, X선을 연구하겠다고 결심한 때부터 방사선에 노출되어 죽은 선배들을 통해 죽음을 각오하고 있었다.

원폭은 열을 흡수하는 검은색 물체에 심각한 피해를 입혔다. 예를 들면, 눈의 검은 눈동자가 뚫리고 환자복의 검은 무늬 부분이 열상을 입기도 했다. 그뿐만 아니라 돌도 검은 부분이 푸석거리며 부서졌다. 원폭에 의한 방사능 물질과 먼지 등이 뒤엉킨 '죽음의 재'가 낮은 온도에서 '검은 비'(p.153)로 내렸다. 사상 유례없는 원폭에 의한 원자병은 인체와 생태계 전반을 방사선으로 오염시켜 심각한 2차 피해를 초래한다는 점에서 공포스러운 병이다. 원자폭탄의 경

우 가장 강력한 중성자와 감마선, 그 후 오랫동안 폭심지에 잔류하는 방사선은 미약하지만 계속 방사선에 노출되면 각종 피부암, 악성빈혈, 백혈병, 폐경, 불임 등을 일으킨다는 심각성도 인지하고 있었다. 원자폭탄의 열상 흉터는 통상의 화상과는 달리 복숭아색에 부푼 켈로이드를 형성시키고 가려움에 계속 긁게 되면 몇 년 후에는 궤양이 되고 몇십 년 후에는 암이 된다(p.185)는 사실이다. 다카시는 라듐이나 엑스선 실험에서 경험된 사실을 말하며 장래의 중대한 문제(p.185)가 될 것을 예견했다. 나가사키에서 피폭된 원폭여성 문학자 하야시 교코(林京子)의 소설『없는 듯한(無きが如き)』(1981)에는 8월 9일과 연관된 피폭사가 '30년이 지나 급격히 증가'[9]하고 있음을 지적하고 있다.

피폭 당시 75년 생존불능설, 75년 동안 어떠한 생명도 살 수 없다는 소문이 자자했다.

> 미약하지만 골칫덩이는 잔류 방사능 즉 75년 생존불능설(75年生棲不能説)이다. 세간에서 가스를 흡입했다든가, 폭풍(爆風)을 만났다든가는 실은 이 방사능에 의한 것으로 병은 입에서 들어오는 것만 생각하기에 그런 해석을 하는 것이다. 하지만 방사선은 전신의 어디로든 아무렇지 않게 침입하여 맹위(暴威)를 떨칠 수 있다. (p.182)

방사선은 치사량이 존재하고 신체 어디라도 체내에 침입할 수

---

9 林京子(1983)「無きが如き」『日本の原爆文学 3 林京子』, ほるぷ出版, p.278.

있다는 점이다. 한여름의 녹음은 나뭇잎 한 잎, 풀 한 포기 남기지 않고 사라졌다. 이루 헤아릴 수 없는 벌거벗은 널브러진 시신들로 가득하다. 잔류 방사능은 후일 긴 장애 작용을 계속한다(p.167)는 점이다. 그뿐만이 아니다. '멍하니 허공을 보며 뱅글뱅글 돌고 있는 부인과(婦人科) 간호사'(p.147), 그리고 불길에 휩싸인 지붕 위에서 노래 부르고 춤추는 사람(p.148)은 충격적 현실에 정신이상을 일으키고 있다. 제정신일 수 없는 지옥과 같은 광경이다.

원자병은 여기에서 그치는 것이 아니다. 원폭 피해는 피폭 가족의 2세, 3세에게도 그 영향을 끼치고 있었다. 일본 원수폭 피해자 단체 협의회(日本被団協)에서 전국의 피폭 2세를 대상으로 2세로서의 의식과 건강 상태를 조사하였다. 그 결과, 78.8%가 '피폭 2세로서 의식했던 적이 있다'고 답하고, 피폭 2세로서의 불안과 걱정을 느끼는 응답도 60.3%에 달하고 있었다. 언제 병에 걸릴지 모른다는 심각한 불안과 좋지 않은 건강 상태의 원인이 불명한 데에 따른 걱정, 더 나아가 자녀와 자손에게 미치는 영향에 대해 복잡한 심경을 드러내고 있었다.[10]

다카시는 원폭이 그 순간뿐만 아니라, 현재는 물론, 과거와 미래가 모두 무너져 버린다[11]고 말한다. 피폭지 나가사키의 증언 운동과 반핵평화운동의 지주로 활동한 가마타 사다오(鎌田定夫)는 원폭 피해가 기습·순간성, 무차별·근절성(根絶性), 전면성, 지속·확대성을

---

10 「被爆2世の6割、子どもや孫への影響などで「不安や悩み」被団協が初の実態調査報告書を発表」『東京新聞』, 2021.11.23.
11 永井隆(2010) 『この子を残して』, 日本ブックエース, p.15.

그 특징으로 한다[12]고 지적한다. 피폭지는 가도 가도 하얀 무덤의 벌판이다. 이러한 원자 벌판과 켜켜이 쌓은 시체의 거리이다. 모든 것이 무너지고 시체의 산을 이룬 주검의 세계에 피폭자들은 죽거나 신음하고 있었다.

3. 일본과 미국의 전쟁: 죽창 대(対) 원자폭탄

나가사키 피폭 후, 사람들은 히로시마에 떨어진 신형폭탄을 이야기한다. 다음은 나가사키의 거리에 뿌려진 삐라이다.

일본국민에게 고한다

이 삐라에 적혀 있는 내용을 주의해서 읽어라.

미국은 지금 누구도 이룰 수 없었던 지극히 강력한 폭약을 발견하기에 이르렀다. 이번 발명된 원자폭탄은 한 개로도 저 거대한 B-29기 2천 대가 한 번에 탑재할 수 있는 폭탄에 필적한다. 그 무서운 사실을 여러분들이 심사숙고해야 하고, 우리들은 맹세코 이것이 절대적인 사실임을 보증하는 바이다. (중략)

이 무익한 전쟁을 계속하게 하는 군사상의 모든 원동력을 이 폭탄으로 파괴하기 전에 우리들은 여러분들이 이 전쟁을 그만두도록 폐하

---

12 鎌田定夫(1983)「解説(2)—長崎の原爆体験記録」『日本の原爆文学 14 手記/記録』, ほるぷ出版, pp.512-513.

에 청원하기를 바란다. (중략)

그렇지 않으면 우리들은 단호하게 이 폭탄 및 그 외의 모든 우수한 무기를 사용하여 전쟁을 신속하고 강력하게 종결시킬 것이다.

미국 대통령은 앞서 명예로운 항복에 관한 13개 조항을 제군(諸君) 측에 알렸다. 이 조항을 수락하여 보다 좋은 평화를 애호하는 신(新)일본 건설을 시작하기를 우리들은 종용한다.   (pp.158-159)

8월 10일 간호부장이 종이 한 장을 가지고 왔다. 8월 9일 어젯밤에 적기(敵機)가 뿌리고 간 삐라이다. 거기에는 '원자폭탄'이 언급되어 있다. 원자폭탄은 전쟁과 평화의 대립 안에서 모순 없이 양립하고 있었다. 더 나아가 원폭이 일본의 무익한 전쟁을 신속하게 끝낼 수 있다는 논리로부터 미국의 전쟁은 정의로운 전쟁, 원자폭탄은 좋은 폭탄이라는 '원폭신화'를 창조하고 있었다.

통합참모본부는 7월 24일 최종적인 투하 계획에서 미리 설정된 교토(京都), 요코하마(横浜)를 제외하는 한편, 히로시마, 나가사키, 고쿠라(小倉), 니가타(新潟)로 변경하고, 다음날 25일 트루먼 대통령은 원폭 투하를 명했다. 『2만일의 전기록(二万日の記録)』에서는 원폭 투하의 대의명분은 '미국인 100만 명, 그 반인 영국인의 생명'을 구하기 위함이라는 처칠 수상의 언급에 대해, 아시아·태평양전쟁의 사상자가 29만 명으로 볼 때 터무니없는 이유라고 지적한다. 그보다는 원폭 투하는 소련 참전에 의한 영향을 최소한 억제하기 위한 방편이자 일본을 무조건항복으로 몰아가기 위함이었다. 또한 만든 병기는 꼭 사용해 보고 싶다는 욕망, 막대한 개발비를 낭비하고 싶

지 않다는 욕망도 부정할 수 없다[13]고 전한다. 한편, 트루먼 대통령
은 핵의 사용을 하나님이 적이 아닌 우리들을 통해 사용하신 것과
하나님의 방법으로 사용하여 우리들을 이끌었음에 감사기도를 올
린다. 원폭 투하로 50만 명의 사상자를 내지 않고 전쟁이 종결되었
다는 정당성을 부여[14]하고 있었다. 맥아더는 '그 운명의 날에 여러
분의 고뇌가 모든 민족의 사람들에 대한 경고로서 도움이 된다'[15]라
는 메시지를 전한다. 미국은 당시 원폭 투하에 따른 비극적 참상을
외면하고 세계에 대한 경고의 메시지에 주목하고 있다. 이러한 원폭
투하의 명분인 평화는 원폭의 범죄성을 은폐하는 기제가 되고 있다.

다카시는 삐라의 '원자폭탄'을 보는 순간, 일본의 패배(p.158)를
직감했다. 원자폭탄의 폭발가설과 어제부터의 상황이 일치하고 있
었기 때문이다. 이러한 위력은 원자폭탄이 아니고서는 불가능한
일이다. 원자력은 원자핵 내에 잠재하는 힘으로 원자의 파열과 동
시에 일거에 만물을 파열시켜 상상할 수 없는 상태(pp.159-160), 혼돈
의 세계를 만든다는 것이다. 원자폭탄은 인공태양이라고 불려도
좋을 만큼 막대한 에너지와 만물을 압도하는 힘을 내재하고 있다.

의학자인 다카시는 원폭이 투하되기 이전부터 원자에 대한 연구
를 지속해왔다. 그리고 원자폭탄을 보며 인류의 원자시대의 개막
을 말한다.

---

13 講談社 編(1989)『昭和二万日の全記録』第7巻, 講談社, p.121.
14 講談社 編, 前揭書, p.150.
15 広島市(1982)『広島新史 資料II』, 広島市, p.401.

인류에게 원자시대에 들어서서 행복해질 것인가? 그렇지 않으면
비참해질 것인가? 신이 우주에 숨겨둔 원자력이라는 보검(宝劍)을 찾
아내고 결국 수중에 넣은 인류가 이 양날의 칼을 휘둘러 어떠한 춤을
출 것인가? 선용(善用)하면 인류 문명의 비약적 진보를 이루고 악용(惡
用)하면 지구를 파멸시킨다. (중략) 그리고 좌나 우나 어느 쪽이든 이
것 또한 인류의 자유의지에 달린 것이다.   (p.198)

다카시는 사랑하는 아이들을 남겨두고 떠나면서 어머니의 목숨
을 앗아간 원자폭탄에 대해 이야기한다. 원폭이 원자의 덩어리이
고 거기에 사람을 죽이겠다는 의지는 없으며 너희의 다정했던 어
머니를 죽인 것은 원자가 아니라 전쟁[16]이라고 말한다. 의학자의
시선에서 원자력의 무의지를 강조한다. 결국 원자력이 인간 의지에
따라 '선'의 평화적 이용과 '악'의 군사적 이용이 가능하며, 원폭은
전쟁을 일삼는 인간에 의해 투하된 절대악인 것이다. 다카시는 의
학자와 일본인으로서의 복잡한 심경을 '과학의 승리, 조국의 패배'
'물리학자의 환희, 일본인의 비탄'(p.159)으로 표현하고 있었다.
　다음은 우라카미 성당에서 열리는 합동장(合同葬)에 신자 대표로
다카시가 읽은 조사(弔詞)이다. 먼저, 나가사키에 원폭이 투하되기
몇 분 전의 상황을 이야기한다. 1945년 8월 9일 오전 10시 30분, 일
본군 최고 통수기관(大本營)에서는 항복이냐 항전이냐를 결정하는

16　永井隆, 1949, 'いとし子よ'
　　http://peacecafe.tea-nifty.com/forum/files/100429itoshigoyo.pdf(검색일:
　　2021.10.15.)

최고전쟁지도회의를 진행하였다. 여기에서는 "세계에 새로운 평화를 가져다줄 것인가? 아니면 인류를 한층 더 비참한 피의 전란으로 몰아놓을 것인가?"(p.192)라는 논의 중에 11시 2분 나가사키에 원폭이 투하된다.

> 죽창과 원자폭탄. 아아! 죽창과 원자폭탄, 이 무슨 비참한 희극인가! 이것은 전쟁이 될 수 없다. 이것은 전쟁이 아니다. 우리는 말 한 마디 못하고 그저 죽임당하기 위해 국토(国土) 위에 나란히 줄 세워졌을 뿐이다.   (p.158)

> 악몽이다. 악몽이다. 이런 비참한 현실이 아무리 전쟁이라고 말할 수 있는가.   (p.140)

좀 더 빨리 항복을 했더라면 이라는 아쉬움이 남는 대목이다. 다카시는 이 전쟁을 '죽창' 대(対) '원자폭탄'으로 규정한다. 비참한 현실에 전쟁이 얼마나 무모한가를 새삼 깨닫는다. 이는 일본이 개인의 생명을 존중하지 않고 너무도 함부로 생각하고 소홀히 여겼기 때문(p.178)이라는 자각에서이다. 자신들이 오직 전쟁을 위해 존재하는 사람들(p.143)이었다는 고백이다.

> 물적으로는 건물은 저렇게 문자대로 폐허입니다. 인적으로는 대다수를 죽이고 살아남은 사람들도 이렇게 폐인이 되었습니다. 내 집도, 재산도, 아내도, 모두 없어졌습니다. 나는 모든 힘을 잃었습니다. 완

전하게 힘을 다해 더구나 패했습니다.   (pp.188-189)

완전한 패배에도 불구하고 군부와 전쟁을 부추기는 호전적이고 야만적인 무리, 전쟁이 국익에 도움이 된다는 무리는 청년들을 부추겨 복수를 위한 전쟁(p.189)을 지속하자고 한다. 헌병대는 끝까지 본토 결전을 외치고 정오 천황의 패전 방송은 '적의 유언비어'라며 트럭을 타고 시내를 돈다(p.176). 이러한 가운데 전쟁이 끝났다고 선언하는 많은 사람들이 청년들에게 공격을 당하기도 했다.

> "하느님의 말씀에 '복수는 나에게 있고 내가 갚으리라'라는 말씀이 있습니다. 지상의 전쟁 승패는 별개로 하느님의 눈으로 보아 부정의(不正義)한 쪽을 벌할 뿐. 복수의 문제는 우리들의 능력 밖에 있는 일입니다"
> (p.191)

다카시는 성경의 말씀을 들어 '복수'는 우리들의 영역이 아닌 '신의 영역'임을 강조한다. 또한 전쟁은 하느님께 속한 것이니 신 앞에 정의롭지 않은 전쟁은 이길 수 없다(p.189)고도 말한다. 원자폭탄이 있는 이상, '전쟁은 인류에게 자살행위일 뿐' '전쟁을 멈추라'(p.199)라고 경고한다. 그리고 서로 사랑하고 이해하라고 권한다.

다카시는 전쟁으로 말미암은 복수가 신에 속한 영역이라며 미국에 대한 전쟁책임을 묻지 않는다. 이는 거인 골리앗과 꼬마 다윗의 싸움처럼 무모한 대결에서 하느님은 다윗에게 승리를 주었기 때문이다. 앞서 언급한 '신 앞의 정의롭지 않은 전쟁은 패한다'는 다카시의 발언에서 보면, 일본의 전쟁이 정의의 전쟁은 아니었다는 깨달음이라고 할 수 있다.

GHQ는 일본이 주장한 대동아전쟁을 '태평양전쟁'으로 변경하였다. 이는 일본인들이 줄곧 주장해온 중국과 동남아시아를 타깃으로 한 전쟁을 태평양을 전쟁의 중간에 두어 미국과 일본의 대결이야말로 전쟁의 핵심 구도라는 인식을 심어준 꼴이다.[17] 태평양전쟁이 미국의 입장에서는 일본이라는 악의 축과의 전쟁 선포라는 정당성을 확보하고자 하는 노림수라고도 볼 수 있다. 하지만 존 다우어의 지적처럼 이는 미국의 의도와는 달리 전쟁에서 일본이 저지른 죄악뿐만 아니라 아시아에서 무슨 짓을 저질렀는지[18]를 망각하게 하고 있다. 따라서 일본과 미국의 전쟁으로 상징되는 태평양전쟁보다는 아시아·태평양전쟁이라는 용어가 본 전쟁의 의미를 잘 규정한다고 할 수 있다.

점령기 1945년부터 1949년까지, 많은 사람들에게 '원폭'은 무서운 것도 기피되는 것도 아닌 오히려 평화의 초석[19]으로 인식되었다. 이러한 기저에는 무엇이 존재하는가?

철저한 '원폭'의 은폐이다. 당시 GHQ에 의한 검열에 의해 원폭 피해의 보도가 금지되고, 정부도 원폭의 실태를 바르게 전하지 않았다.[20] 이러한 상황에서 피폭자들이 은폐되면서 히로시마, 나가사키의 불행한 일로 일본 전체와는 괴리된 지역성에 갇히게 되었다.

17 존 다우어 저, 최은석 역(2009)『패배를 껴안고』민음사, p.543.
18 존 다우어 저, 최은석 역, 위의 책, p.543.
19 山本昭宏(2015)『核と日本人』, 中央新書, p.4.
20 講談社 編, 前掲書, p.255.

그러한 가운데 1946년 8월에 쓴 다카시의 『나가사키의 종』이 발행 금지 처분을 받는다. 하지만 예외적으로 워싱턴의 보증과 원조[21]를 얻어 1949년 1월 『나가사키의 종』이 출판된다. 여기에는 1949년 초, 원폭 피해를 증언하는 내용에 대한 규제가 완화되는 한편, 원폭 투하가 정당한 응보, 즉 일본이 아시아 전체와 태평양 지역에서 저지른 잔혹한 행위에 대한 정당한 대가이자 응당한 죄과로서 천명[22]된 시기와의 연관성을 상상할 수 있다. 이에 더해, 1945년 일본이 저지른 마닐라 학살 사건을 추가한 '마닐라의 비극'이 더해지면서 『나가사키의 종』이 검열을 통과할 수 있었다. 여기에는 『나가사키의 종』이 이러한 미국의 원폭 투하책임을 은폐하는 한편, 마닐라 학살을 통한 일본의 전쟁책임을 부각하는 데에 기여할 수 있다고 판단했을 것이다. 이렇게 볼 때, 점령기에는 '원폭'의 참상뿐만 아니라 원폭의 범죄성이 일본의 패전과 함께 시작된 점령으로 묻히는 셈이 되고 말았다.

4. 사회적 차별과 대항 담론: 천벌 대(對) 은총

나가사키에 원폭이 떨어진 곳은 상세히 말하면 나가사키시의 북쪽 우라카미(浦上)이다. 당시 우라카미는 전쟁과 함께 팽창했던 미쓰비시 병기(三菱兵器), 미쓰비시 제강(三菱製鋼), 미쓰비시 전기(三菱電

---

21 小西哲郎, 前揭書, p.158.
22 존 다우어 저, 최은석 역, 앞의 책, p.536.

氣), 미쓰비시 조선(三菱造船) 등의 군수공장이 주변에 밀집된 요새 지역이 되었고 폭심권 2km 이내에는 시(市) 인구의 25%를 점하는 수만 명의 시민과 노동자, 동원학도들이 있었다.[23] 또한 전통적인 기리시탄[24] 마을이기도 하다.

나가사키시 북부의 우라카미지역에는 많은 기리시탄이 살았고 금교(禁教)시대에 에도막부의 탄압을 받았다. 막부 1867년 7월에는 나가사키 관청(奉行所)이 우라카미의 잠복(潜伏) 기리시탄의 지도자들을 검거한 사건을 계기로, 우라카미의 신도 약 3천 4백 명이 유배되고 고문을 당하며 배교를 강요받았다. 우라카미에서 4번째의 대규모적인 적발 사건은 '우라카미 4번째 박해'라고 불린다. 서양 제국(諸国)의 비판으로 메이지정부는 1873년 금교를 풀었지만 그 사이에 약 6백 명이 순교했다.[25]

1865년 오우라 성당의 헌당식에 우라카미 잠복 기리시탄이 찾아와 신자임을 밝히면서 기리시탄의 존재가 드러난다. 바로 '신도의 발견'이다. 곧이어 1867년 일본 최후의 기리시탄 탄압사건 '우라카미 4번째 박해'가 일어난다. 다카시의 아내 미도리의 모리야마 집안은 1614년 막부에 의한 금교령을 시작으로 혹독한 탄압과

---

23 鎌田定夫(1983)「解説(2)─長崎の原爆体験記録」『日本の原爆文学 14 手記/記録』, ほるぷ出版, p.512.

24 기리시탄은 프란시스코 자비엘에 의해 처음 일본에 복음이 전해진 1549년 전국(戦国)시대 말기부터 에도시대에 걸친 가톨릭 신자를 일컫는 말이다.

25 「浦上のキリシタン弾圧事件から150年、教徒らが祈り」『朝日新聞』, 2017.07.16.

박해를 견디며 4백 년의 신앙을 지켜온 독실한 가톨릭 가문이었다. 다카시가 아내 미도리의 집에 하숙하게 되면서 가톨릭 신앙을 받아들이고 결혼까지 하게 되었다.

원폭이 투하된 가톨릭 우라카미 성당은 약 1만 2천 명의 신자 중 8천 5백 명이 피폭사하는 대참사가 발생했다. 전쟁터에서 귀환한 친구 이치타로(市太郎)는 고향이 폐허로 변하고 아내와 아이 다섯이 검은 뼈로 나뒹구는 모습을 목격한다.

> "나는 이제 살 낙이 없어"
>
> "전쟁에 패하고 누가 낙이 있겠습니까?"
>
> "그건 그렇지만. 누구를 만나도 이렇게들 말합니다. 원자폭탄은 천벌. 죽은 사람은 악인(惡者)이었다. 살아남은 사람은 신으로부터 특별한 은총을 받았다고. 그러면 나의 아내와 아이들은 악인이었습니까!"
>
> "나는 전혀 반대의 사상을 갖고 있습니다. 원자폭탄이 우라카미에 떨어진 것은 크나큰 신의 섭리이다. 신의 은총이다. 우라카미는 신에게 감사해야 한다."
>
> "감사를 말입니까?" (pp.191-192)

누구를 만나도 원자폭탄이 '악인'에 대한 '천벌'이라는 사회적인 인식이다. 우라카미는 신앙의 자유가 없었던 일본에서 박해 아래 4백 년 동안 순교의 피를 흘리며 신앙을 지켰던 동양의 성지(p.193)이다. 다카시는 전쟁 중에도 영구적 평화의 기도를 아침저녁으로 중단한 적이 없었던 우라카미 성당이 신의 제단에 바칠만한 유일한 흠 없는 어린양(p.193)으로 희생되었다는 것이다. 이는 널리 알려진 '우라카미 번제설'이다. 기도하는 우라카미 성당이 속죄양으로 세계대전이라는 인류의 죄악 전쟁에 휩싸였을 수천만 명을 구원(p.193)했다는 해석이다. 따라서 8월 9일은 우라카미에 원폭이 투하되고 그날 최고 군사 회의에서 종전의 결단을 내린 역사적 사건이자, 8월 15일 성모 승천 대축일에 마침내 전(全) 세계가 평화의 날을 선포한 인류의 구원 사건으로 규정한다. 또한 전쟁과 우라카미 괴멸(壞滅)과의 관계에서 신의 섭리, 신의 은총을 말한다. 결국 나가사키 원폭 투하 사건은 신의 섭리에 따라 속죄양으로 흠 없는 우라카미가 선택되었다는 논리이다. 이로써 8월 9일은 평화의 빛을 맞이한 날이 되는 것이다.

더 나아가 피폭사한 신앙인들을 '아름답고 순결하고 거룩한' '선한 영혼'으로 우러르고 패전을 모른 채 세상을 떠난 행복한 어린양으로 비유한다.

> 패전을 모른 채 세상을 떠난 이들은 행복하다! 흠 없는 어린 양으로 신의 가슴에 안식하는 영혼은 행복하다! 그에 비해 살아남은 우리들의 비참함. 일본은 폐허가 되었습니다. 우라카미는 완전한 폐허입니다 (p.193)

하지만 일본의 패전과 우라카미의 폐허에서 고통과 아픔에 가득 찬 우리는 죄인(p.194)이라고 말한다. 죄인인 우리는 천국의 입학시험에 낙제생인 것이다. 이러한 다카시의 해석에 친구 이치타로는 커다란 위로를 받았다. 1945년 11월 23일 합동추도식에 참석한 많은 신도들은 신 앞에 흠 없는 어린양 비유에 많은 위로와 격려를 받았다.[26]

독실한 가톨릭 신앙을 가진 다카시가 우라카미의 성자(聖者)로 불리며『나가사키의 종』은 베스트셀러에 오른다. 야마모토 아키히로(山本昭宏)가 지적했듯이, 우라카미 번제설이라는 독실한 기독교인의 극단적인 이야기를 전개한 다카시가 사회적으로 비판은커녕 인격자로서 칭송받았다는 사실이다. 더구나 원폭을 원망하지 않고 자신들의 만행을 반성하며 평화로운 일본이 된 것을 기뻐하는 태도를 일종의 미덕으로 받아들였다.[27]

1951년 5월 3일 다카시의 장례식은 2만여 명의 조문객이 모여 우라카미 성당에서 진행되었다. 요시다 수상의 조문을 시작으로 300여 통의 조사가 대독되고, 나가사키의 모든 교회의 첨탑과 절에서 일제히 종이 울리고, 공장에서는 사이렌이 울렸고, 나가사키만에 정박했던 배들은 일제히 고동을 울렸다.[28] 본 논문에서 다루지는 못했지만 다카시가 피폭자임에도 의사로서의 최선을 다하는 모습과 연구에 대한 열정은 본받기에 부족함이 없다.

고니시 데쓰로(小西哲郎)에 의하면, 당시 원폭은 나가사키에 떨어지지 않았다며, 나가사키 사람과 우라카미 사람을 동일시 하지 말라는 차별의식이 존재하고 있었음을 언급한다. 더 나아가 우라카

---

26 岡本洋之(2011.03)「永井隆はなぜ原爆死が神の摂理と強調したのか?」『教育科学セミナリー』42, 関西大学教育学会, p.3.
27 山本昭宏, 前掲書, p.4.
28 폴 글린 저, 김숭희 역, 앞의 책, pp. 311-312.

미의 기리시탄을 감시하기 위해 우라카미에 기리시탄을 배교한 피
차별 부락이 만들어지고 피차별 부락민이 기리시탄 탄압의 병참으
로 이용되었다고 한다. 따라서 나가사키에서는 기리시탄이 피차별
부락민 이하의 차별을 받는 존재였다[29]고 언급한다. 니시무라 아키
라(西村明)도 나가사키가 기리시탄, 가톨릭 신자를 한 축으로, 일본
기리시탄의 역사와 맞먹는 370년 전통의 나가사키군치(長崎くんち) 대
축제에 참가하는 스와신사(諏訪神社)의 신자(氏子)를 다른 한 축으로
한, 인간적, 종교적 대립 구조가 형성되어 있었다고 지적한다. 그뿐
만 아니라 당시 신시가(新市街) 우라카미의 기리시탄에 원폭이 투하
된 사건은 스와신사에 참배하러 오지 않았기 때문에 내려진 천벌
이라는 의식이 구시가(旧市街) 나가사키에 형성되어 있었다[30]고 지
적한다.

　잘 알려진 '분노의 히로시마, 기도의 나가사키(怒りの広島、祈りの長
崎)'라는 말이 있다. '분노의 히로시마'는 핵병기 사용에 대해 분노
하는 히로시마인, 그리고 '기도의 나가사키'는 핵병기의 폐기, 평
화의 실현을 기도하는 나가사키인[31]을 이르는 말이다. 그뿐만 아니
라 원폭 피해에 있어, 히로시마는 전체가 피해를 입었지만. 나가사
키는 우라카미 일부가 피해를 입었다는 점도 간과할 수 없다. 이는
히로시마의 도게 산키치(峠三吉)의 '아빠를 돌려줘 엄마를 돌려줘(ち

29 小西哲郎(2017)「被爆地ナガサキから」『日本の神学』56, 日本基督教学会, pp.154-155.
30 西村 明(2001)「祈りの長崎―永井隆と原爆死者―」『東京大学宗教学年報』19, 東京大学文学部宗教学研究室, p.48.
31 小西哲郎(2017)「被爆地ナガサキから」『日本の神学』56, 日本基督教学会, p.154.

ちをかえせ　ははをかえせ)'라고 분노하는 시『원폭시집(原爆詩集)』과 대비되는 나가사키의 나가이 다카시의 평화를 기도하는『나가사키의 종』에서 상징된 이미지이다.

2017년 8월 12일 NHK ETV 특집『원폭과 침묵~나가사키 우라카미의 수난~(原爆と沈黙~長崎浦上の受難~)』[32]이 방영되었다. 여기에서도 당시 원폭이 '나가사키에 떨어지지 않았다. 우라카미에 떨어졌다'는 언급에서 나가사키와 구별 짓는 우라카미의 차별을 확인할 수 있다. 우라카미에는 기리시탄 마을과 신발 장인(えた)이 모인 피차별 부락 우라카미 마을(浦上町)이 있었다.

가톨릭 신자 니시무라 이사오(西村勇夫)는 마치 태양이 이상하게 접근해서 타버린 8월 9일의 상황을 세계의 종말이었다고 증언한다. 그는 3명의 누나가 어디에서 죽었는지 유골도 발견하지 못했다. 그는 기리시탄 탄압과 원폭이라는 이중의 차별에 시달렸음을 고백한다. 더 나아가 신의 은총, 신의 섭리, 신의 징벌에 절망하고 신앙이 흔들리며 침묵하게 되었다. 한편, 가톨릭 나가사키 대교구(長崎大司敎区) 시모사코 에이치(下窄英知) 신부는 피폭자의 분노와 원폭 투하에 따른 미국의 책임에 대한 분노를 나가사키에서는 제대로 표출하지 못했다고 전한다. 그 이유로 다카시의 지대한 영향 아래,

---

32　NHK Eテレ, 2017, '原爆と沈黙~長崎浦上の受難~'
　　https://www.dailymotion.com/video/x5wu5dt (2021.10.10.). 이하 니시무라 이사오(西村勇夫), 나가무라 요시카즈(中村由一), 이와도 시즈에(岩戸静枝), 시모사코 에이치(下窄英知)의 인터뷰의 내용은 본 NHK ETV 특집『원폭과 침묵~나가사키 우라카미의 수난~ (原爆と沈黙~長崎浦上の受難~)』에서 인용한 것이다.

다카시와 다른 신앙관에 대한 우려를 언급한다. 당시의 나가사키 원폭 투하가 인류 구원의 역사적 의미로 규정된 다카시의 신의 섭리에 분노를 표출하기는 쉽지 않았을 것이다.

하지만 1981년 로마 교황 요한 바오로 2세의 나가사키 방문을 계기로, 이사오는 나가사키 피폭 체험을 말할 수 있게 되었다고 고백한다. 이사오는 '전쟁은 인간의 행위(仕業)이다, 전쟁은 인간의 생명 파괴이다, 전쟁은 죽음이다'는 교황의 연설에 나가사키 피폭자들은 억눌렸던 마음을 해방시킨 것이다. 이사오는 전쟁이 '인간의 행위'라는 점을 되뇌이며, '인간은 뭐든 할 수 있다, 전쟁도 할 수 있고 평화도 만들 수 있다'고 깨닫는다. 그러면서 전쟁은 안 된다는 결론을 얻는다. 우라카미 번쩍 쾅이라는 차별에 피폭을 숨겼던 이사오는 봉해졌던 원폭 체험과 마주할 각오를 다진다.

나가사키 중심부는 산으로 막혀 피해가 우라카미에 집중되었다. 폐허가 된 우라카미 사람들은 어쩔 수 없이 우라카미를 떠나 나가사키시 내외로 이주하는 경우가 많았다. 나가사키시로 터전을 옮긴 피차별 부락 우라카미 마을 출신 나가무라 요시카즈(中村由一)는 당시 '우라카미 번쩍 쾅(浦上のピカドン)'이라는 말이 유행하고 어디를 가도 차별을 당했다고 전한다. 그는 피차별 부락민 그리고 피폭자라는 이중의 차별에 시달렸다. 또한 어머니에게 입단속도 받아 침묵할 수밖에 없는 상황이었다. 그는 초등학교(小学校) 시절, 피폭에 머리카락이 없다는 이유로 갓파(河童), 원폭(原爆), 대머리(ハゲ)로 불렸다. 초등학교 6학년 담임 선생님이 나가무라 요시카즈로 자신의 이름을 불렀을 때, 자리에서 일어설 용기가 없었다. 이제까지 자신의

91

이름을 들은 적이 없이 대머리, 원폭으로만 불렸기 때문이다. 또한 1955년 동급생들이 졸업증서를 찢은 사건, 그리고 호적 등본에는 피폭자라고 찍힌 낙인에 벗어날 수 없는 차별을 경험한다. 이와도 시즈에(岩戸静枝)도 원폭의 이야기는 발설하지 않았다. 돌아갈 집도 부모도 의지도 없었다고 증언한다. 살아도 차별당하고 수면제로 죽으려고 했지만 죽지 못했다. 하지만 만년에 인생이 변했다고 말한다. 모른다는 것만큼 무서운 것은 없다는 깨달음이다. 더 나아가 알려야 한다는 살아남은 자의 책무를 깨닫고 다음 세대가 차별과 부락이 어떻게 생겨났는지를 배우기를 바랐다. 『생존해라 그날을 위해―나가사키 피차별 부락과 기리시탄(生き抜け、その日のために―長崎の被差別部落とキリシタン)』을 쓴 작가 다카야마 후미히코(高山文彦)는 피차별적 풍토가 원폭으로 인해 조장되고 배가되었다[33]고 지적한다.

우라카미 마을의 사람들이 세운 '누흔의 비(涙痕の碑)'가 있다. 요시카즈는 '인간으로 취급받지 못한 우라카미의 분노와 원폭의 분노를 눈물로 표현하고 있다'고 전한다.

나가사키의 평화(さがさきの平和)의 홈페이지에는 현재 '후세에 전할 피폭 체험(가족·교류 증언) 추진사업'으로 '피폭 체험을 계승할 분(가족·교류 증언자)과 증언할 분을 모집'하고 있었다. 여기에서는 '피폭자의 고령화, 직접 본인으로부터의 피폭 체험을 듣는 기회가 적은 가운데, 피폭자 가족이나 교류가 있는 사람들이 향후 피폭 체험의 계승에 커다란 역할'[34]을 기대하고 있었다. 나가사키 시민 평화 헌

33 「長崎・浦上の被差別部落とキリシタン　作家の高山文彦さんが講演　東京・練馬」『CHRISTIAN TODAY』, 2018.4.29.

장에는 '우리들은 차세대를 짊어질 아이들에게 전쟁의 공포를 원폭 피폭의 체험과 함께 전하고, 평화에 대한 교육을 충실히 행하겠다'[35]는 문구를 명시하고 있다.

이야기되지 않는 모든 것은 잊힌다.
잊히는 것은 존재하지 않는 것이나 다름없고, 이야기를 한다는 것은 대상에 불멸성을 부여하는 일이야. [36]

피폭 서벌턴에 대한 차별은 침묵을 낳는다. 침묵은 존재하지 않는 일이 되는 것이다. 피폭 서벌턴이 봉인되었던 침묵을 깨고 전쟁의 체험, 원폭의 체험, 차별의 체험을 증언하기 시작했다. 피폭자의 증언, 침묵, 무언(死者)에 귀를 기울이고 비피폭자가 그 증언을 이어가는 것. 그것이 피폭자(피해자)의 증언에 불멸성을 부여하는 일이 될 수 있을 것이다.

5. 맺음말

본 논문은 나가사키 피폭자에 대한 서벌턴적 상황을 고찰한 것

34 長崎市, 2019, 'ながさきの平和'
   https://nagasakipeace.jp/join/tradition/testimony/bosyu.html(접속일 : 2021.10.3.)
35 長崎市(1989)「長崎市民平和憲章」,『原爆被爆者対策事業概要』, 長崎市原爆被爆
   対策部, p.103.
36 베르나르 베르베르 저, 전미연 역(2021)『문명』, 열린책들, p.14.

이다. 구체적으로 말하면 가톨릭 신자 나가이 다카시의『나가사키의 종』을 중심으로 나가사키에서 소외된 서벌턴 우라카미 피폭자의 사회적 차별과 그 대항 담론을 논한 것이었다. 다음과 같은 점들을 지적할 수 있다.

첫째, 나가사키에 75년 생존불능설이 만연한 가운데, 나가사키 원폭 투하는 '우라카미 번쩍 쾅'이라는 우라카미 지역에 대한 이중적 차별을 낳으며 서벌턴적 상황에 놓이게 되었다. 여기에는 전통적인 기리시탄, 피차별 부락민이라는 사회적 차별에 더해 원폭 체험이 더해지면서 피폭자들은 침묵하게 되고 전쟁 체험, 원폭 체험, 차별 체험이 은폐되고 있었다.

둘째, 의학자이자 피폭자 다카시는 원자시대를 예견하며 원자의 무의지성을 강조한다. 여기에는 원폭 투하 이후 원폭의 군사적 이용과 평화적 이용이라는 시대적 담론에 인간의 의지를 강조하며 전쟁을 반대하고 평화적 이용을 호소하고 있었다.

셋째, 당시 나가사키에는 우라카미의 기리시탄 후예의 마을과 피차별 부락에 집중된 원폭 피해 상황에서 '천벌'이라는 사회적 담론이 형성되었다. 독실한 가톨릭 신자 다카시의 신의 섭리, 신의 은총, 일명 우라카미 번제설은 피폭사한 기리시탄의 후예의 '천벌'에 대한 대항 담론이라고 할 수 있다. 이러한 신의 섭리라는 피폭사한 가족들을 위로하기 위한 종교적 담론이 의도와는 상관없이 미국의 전쟁책임, 원폭 투하책임, 그리고 원폭 투하의 정당성을 제공했다는 점은 부인하기 어렵다. 여기에서도 피차별 부락민들은 소외되고 있었다.

나가사키의 우라카미 피폭자는 이중의 사회적 차별에 증언과 침묵을 계속하고 있다. 그러한 가운데 서벌턴 상황에 대한 증언자들은 살아남은 자의 책무, 사명을 깨닫고 목소리를 내고 있었다.

| 참고문헌 |

岡本洋之 (2011.3)「永井隆はなぜ原爆死が神の摂理と強調したのか？」『教育科学セミナリー』42, 関西大学教育学会.

鎌田定夫(1983)「解説(2)—長崎の原爆体験記録」『日本の原爆文学14　手記/記録』, ほるぷ出版.

小西哲郎(2017)「被爆地ナガサキから」『日本の神学』56, 日本基督教学会.

西村 明(2001)「祈りの長崎—永井隆と原爆死者—」『東京大学宗教学年報』19, 東京大学文学部宗教学研究室.

林京子(1983)「無きが如き」『日本の原爆文学3 林京子』, ほるぷ出版.

山本昭宏(2015)『核と日本人』, 中央新書.

講談社 編(1989)『昭和二万日の全記録』第7巻, 講談社.

昭和戦争文学全集編集委員会編(1965)「長崎の鐘」『昭和戦争文学全集 13 原子爆弾投下さ』, 集英社.

広島市(1982)『広島新史 資料II』, 広島市.

존 다우어 저, 최은석 역(2009)『패배를 껴안고』, 민음사.

폴 글린 저, 김숭희 역(2011)『나사키의 노래』, 바오로딸.

「被爆2世の6割、子どもや孫への影響などで「不安や悩み」 被団協が初の実態調査報告書を発表」『東京新聞』, 2021.11.23.

「浦上のキリシタン弾圧事件から150年、教徒らが祈り」『朝日新聞』, 2017.7.16.

「9日に長崎平和式典92歳被爆者代表「残された務め」」『朝日新聞』, 2021.8.10.

「長崎原爆の日、各地で追悼　平和願って万灯流し」『朝日新聞』, 2021.8.9.

広島市, 2019, '死傷者について'
　　　https://www.city.hiroshima.lg.jp/soshiki/48/9400.html(검색일: 2021.2.6)

NHK Eテレ, 2017, '原爆と沈黙~長崎浦上の受難~'
　　　https://www.dailymotio n.com/video/x5wu5dt(검색일 : 2021.10.10)

제4장

히로시마·나가사키의
피폭 조선인 표상
'까마귀'를 중심으로

강 소 영

1. 머리말 – '원폭의 기억'을 표상한다는 것

표상(表象)이라는 단어는 re(다시)+presentation(나타내다)의 번역어
이다. 즉 표상은 지나간 사건을 기술 시점에서 재현한 것이다. 체험
자가 말한 것을 듣고 기록한 르포르타주나 문학, 미술에서 '표상'
이라는 것은 그것을 표현하는 시점의 역사성과 사회성의 영향을
받을 수밖에 없다. 전쟁과 원폭체험의 표상에 국한되지 않고 우리
들을 둘러싼 표상의 세계는 해석이라는 작업 없이는 성립하지 않
는다. 그런 까닭에 표상을 비판적으로 해독할 자유도 부여되지만
사실은 과거의 일을 표상한다는 것은 어떤 측면에서는 그 사회의

윤리적이며 정치적인 상황과 밀접히 관련될 수밖에 없다.

원폭체험이라는 사건은 문자 그대로 사후적으로 표상되면서 그 것을 표현하고 받아들이는 사람들의 주체 형성과 밀접하게 관련 되어 왔다. 그것은 표상하는 일본인의 시각으로 형성되는데, 이 때 객체가 되는 표상의 대상은 배제될 수밖에 없다. 비판적인 표상 해 독은 표상 안에 드러나지 않은 타자의 실제 모습을 응시하려는 태 도에서 시작된다. 당시 역사적·사회적 상황을 참조하면서 표상하 는 주체와 객체가 어떠한 관계에 있었으며 표상에서 취사 선택된 것은 무엇인지 주목할 필요가 있다고 하겠다.

전쟁과 원폭 체험의 기억도 표상의 사후성 때문에 정형화된 표 상 만으로는 충분히 나타낼 수 없다. 특히 조선인 피폭자에 대한 표 상은 가와구치와 구로카와 등 일본 원폭 문학 연구회의 멤버 및 히 라오카의 연구 등이 있고, 한국 측에서는 김경인과 이영희, 후지무 라 마이 등에 의해 부분적으로 연구되어 왔는데[1] 한일 모두 '정형화 된 표상'을 정면에서 비판한 시선은 현재로서는 보이지 않는다.

이 글에서는 일본의 피폭 조선인에 대한 지배적인 해석 코드를

---

1 川口隆行「朝鮮人被爆者を巡る言説の諸相——九七〇年前後の光景—」, プロブレマ ティーク『文学／教育』4号, 2003, 黒川伊織「被爆体験記に描かれた朝鮮人被爆者 の姿——九七〇年代まで—」『原爆文学研究』, 平岡敬『偏見と差別—ヒロシマそして 被爆朝鮮人—」, 未来社, 1972,『無縁の海峡—ヒロシマの声被爆朝鮮人の声』, 影書房, 1983.12, 김경인(201)「石牟禮道子의『菊とナガサキ』를 통해 보는 나가사키 조선 인 원폭 피해자의 실태와 恨한」『日本語教育』Vol.66, 한국일본어교육학회, 이 영희(2014)「쿠리하라 사다코(栗原貞子)의 반전시 속의 한국 묘사 및 천황 비판」 『일본어문학』Vol.64, 일본어문학회, 후지무라(이나바) 마이(2017)「전쟁의 기억과 평화실천-<원폭도>를 중심으로-」『일본언어문화』Vol.41, 한국일 본언어문화학회 등이 대표적이다.

통해 '정형화된 표상'에 대해 비판적인 시각에서 논을 전개해 나가려고 한다. 해석하는 측이 반복적으로 특정 표현으로 해석하여 표상하는 것에 대한 문제 제기라고 해도 좋을 것이다.

이 글에서는 평론가 이시무레 미치코(石牟礼道子)의 피폭 조선인 기록과 일본의 피해자성과 가해자성을 동시에 언급할 때 종종 인용되는 구리하라 사다코(栗原貞子)의 「히로시마라고 말할 때(<ヒロシマ>という)」, 「돌 속에서(石のなかから)」라는 시에 나타난 피폭 조선인 표상에 대해서 고찰한다.

회화 쪽은 마루키 이리 · 도시(丸木位里 · 俊) 부부의 <원폭도(原爆の図)>시리즈 14부 「까마귀」(1972)라는 작품을 분석대상으로 한다. 특히 피폭 조선인을 회화에서 표상할 때는 어떤 기억의 소환이 작동되는지 살펴보고자 한다.

많은 일본인에게 히로시마 · 나가사키의 기억, 전쟁의 기억은 이제는 자신의 체험에 의거한 것이 아니라 패전 후 형성되어 온 표상에 의한 일본의 국민적인 기억이며 이야기가 되었다. 전쟁이나 원폭체험의 표상을 다루는 행위는 각 텍스트가 가진 표현의 가치를 논하는 것에 국한되지 않는다. 가치뿐만 아니라 어떤 표상에 숨어 있는 일본 사회의 다양한 힘을 현재화하는 것이 필요할 것이다. 전쟁과 원폭체험의 표상이 여러 장르의 표현행위를 통해 어떻게 생겨나 특정 의미를 획득해가는지 그 프로세스에는 어떠한 복수의 해석 코드가 작동되어왔는지를 검토해 가려고 한다. 그리하여 획일적인 조선인 피폭자 표상에 대한 정형화한 인식의 틀을 깨고 다른 기억의 가능성도 열어갈 수 있을 것이다.

2. 조선인 피폭자 문제화 배경

원자폭탄 관련 언설에서 '공백의 10년'이라는 말이 있다. 일본의 패전 후 약 10년간 피폭자들이 의료나 원호도 받지 못하고 행정에서 방치된 것을 의미하는 말인데 원폭 관련 보도가 규제되어 그 실상이 일본국민에게 알려지지 않았던 기간을 의미한다. '원자폭탄 피해자의 의료 등에 관한 법률'(원폭의료법)의 제정은 피폭 후 10년 이상 지난 1957년 4월이고 히로시마평화기념자료관(원폭자료관)이 개관한 것은 1955년 8월이었다. 왜 히로시마 나가사키의 원폭 피해 참상이 전해지지 못했는지 두 가지 이유가 있다. 첫째, 전후 바로 GHQ가 발령한 '프레스 코드'(1955.9.19. 지령)에 의해 패전의 비참함, 특히 원폭의 비참함과 그 영향에 대해 발표하는 것을 금지했기 때문에 일본이나 세계인들은 피폭의 실상에 대해 알지 못했다. 둘째, 샌프란시스코 평화조약 체결에 의해 정식으로 프레스 코드가 해제된 후에도 일본의 미디어는 '자율 규제'를 하며 적극적으로 피폭 실상을 전하려 하지 않았던 것이 그 원인이라고 알려져 있다.

조선·대만인, 강제연행된 중국인, 남방에서 온 유학생, 나아가 연합국 측의 포로 같은 피폭자가 원폭에 관한 언설에 등장하는 것은 1960년대 후반이었다. 그들은 전후 오랫동안 일본 헌법의 외부에 놓여 있었다.

1965년 한일기본조약 체결 이후 조선인 피폭자가 '문제화'하는데, 그들은 이중삼중의 냉전체제 아래 한일의 국가 논리의 틈새에 놓인 존재였다. 이런 정황에 목소리를 낸 한국은 1964년에 한국원

자력방사선의학연구소, 1965년에는 대한적십자사와 재일한국거
류민단이 각각 재한 피폭자 실태조사에 착수한다. 1967년 7월에
는 '한국 피폭자 원호협회'가 설립되어 11월에는 재한 피폭자가
서울의 일본대사관에 보상을 요구한다. 이러한 한국 측의 움직임
에 응답하듯이 일본 미디어도 조선인 피폭자에 대해 보도하게 되
고 1968년 핵병기금지평국민회의 히로시마 전국 집회에서 재한
피폭자의 존재와 현상이 보고되어 '한국 피폭자구원 한일협의'를
결성한다. 르포르타주나 평론, 증언집도 60년대 후반에 다수 출판
된다.

이어서 1972년에 개최된 제 27회 원수폭금지대회에서 비로소
조선인 피폭자 문제가 정식 의제가 되었다. 이 대회는 60년대 후반
부터 일본 매스 미디어에서 다루었던 피폭 조선인에 대한 보상문
제, 나아가 베트남 반전운동의 영향 등도 있어서 원수폭금지운동
이 '피해자의 운동'에서 '다시 가해자가 되지 않는 운동'으로 바뀌
는데 크게 획을 그은 대회이기도 했다.

여기에서 잠깐 피폭 조선인에 대한 글을 살펴보자.

그리하여 셋째 날 저녁, 이라고 해도 아직 햇볕은 쨍쨍 뜨겁고, 원
망스러울 만큼 더웠을 무렵, 지나가는 길인 듯한 14, 5세의 소년이
힘차게 달려와 나를 들여다보며, "곤겐산에 큐고쇼(구호소?) 생겼어.
갈까?"

말을 더듬거리는 걸 보니 반도의 아이인 것을 알았다. 악의 없는 민
족의 편견을 넘은 진심에 간절한 마음으로 고개를 끄덕이자, 소년은

거의 나를 업듯이 해서, 곤겐시모의 구호소에 데려다 주더니, 이름도 말하지 않고, 사는 곳도 말하지 않고, 어느새 바람처럼 홀연히 인파에 섞여버렸다. 고맙다는 말을 할 틈도 없었다.[2]

제방은 이미 신음소리로 메워져 있었다. '아이고, 아이고'라는 조선인의 큰 울음소리. 길가에는 여자로 생각되지만, 머리카락은 한 올도 없고, 얼굴도 팔다리도 몸도 한 배 반 정도로 부풀어 오르고, 적갈색으로 타버린 사람이, 낮은 희미한 목소리를 내고 있고, 그 주위는 오물로 더러워져 있었다.[3]

현재 기록으로 남아 있는 증언들은 대부분 일본 헌법 시행(1947.5.3)부터 샌프란시스코강화조약 발효(1952.4.28)까지의 기간에 쓰인 것이다. 이 시기의 기록은 위 인용문처럼 비교적 사실을 그대로 기록하고 있는 것으로 보인다. 자신을 구해준 조선인 소년에 대

---

2 こうして三日目の夕方、といってもまだ陽はかんかんと高く、恨めしいほどの暑さの頃、通りすがりらしい十四、五の少年がひょいと駆け寄って来て私をのぞき、「権現サンとこキュウゴショ(救護所？)ができとるよ。行くか？」言葉の訛りのたどたどしさからすぐ半島の子供と知れた。邪気のない民族の偏見を越えた真心に、縋りつくような想いでうなずくと、少年はほとんど私を負うようにして、権現下の救護所へ連れて行ってくれ、名も告げず、所もいわず、いつの間にか風のように飄然と人ごみに紛れてしまった。礼をいう暇もなかった。(하시모토 구니에(橋本くに恵)의 체험기. 히로시마시민생국 사회교육과가 1950년에 편찬했지만 미배포된 『原爆体験記』에 수록. 인용은 아사히 신문사에서 1965년 7월에 간행된 복각판에 의한다.)
3 土手はもう呻吟する声で埋まっていた。「アイゴー、アイゴー」という朝鮮人のかん高い泣き声。道ばたには、女と思われるが、髪の毛は一本もなく、顔も手足もからだも一倍半くらいにはれ上がり、赤褐色にやけただれた人が、低いかすかな声を出してもがいており、その周囲は、汚物でよごれていた。(이케다 도시코(池田歳子)의 글. 長田新編(1951.10)『原爆の子』、岩波書店 수록)

한 이야기나 피폭 당시의 장면에 대한 묘사 등이 비교적 담백하게 사실적으로 그려지고 있다. 기록자의 개인적인 감정은 이입되지 않으며 피해의 처참함만을 강조하고 있지도 않다.

한편, 히라오카(平岡敬)는 피폭 조선인의 수기·체험기와 일본인의 수기·일기의 차이에 대해 "일본인의 수기는 대체로 그날 아침, 눈앞이 번쩍하고 빛나며……"라는 식으로 8월 6일 아침부터 쓰기 시작하는데 조선인의 경우는 "왜 자신이 일본에 왔는지 그 이유부터 이야기를 시작하며 일본인에게서 받은 차별과 생활고에 중점이 놓여져 있다."고 지적하고 있다.[4]

이 지점이 바로 피폭 조선인이 놓인 이중의 피해자라는 위치를 시야에 넣으면서 섬세한 해석이 필요한 이유이다. 안이한 이해와 동정심에 기반한 피폭 조선인 표상은 식민지주의로 흐르기 쉽고, 인류 보편적인 휴머니즘의 지평으로 한일의 문제가 해소되어 버릴 위험성을 내포한다.

전후 일본의 풍경 속에서 은폐, 억압되어온 조선인 피폭자에 관한 언설과 표상이 공적인 공간에 등장함에 따라 어떠한 새로운 전개의 가능성을 보일 것인지, 또는 어떠한 다른 문제를 파생시킬 것인지 '원폭 문학'과 식민지 조선인 피폭자라는 두 개의 새로이 문제화된 영역의 만남 속으로 들어가 보자.

---

4 平岡敬(1983.12)『無縁の海峡―ヒロシマの声被爆朝鮮人の声』, 影書房, p.280.

3. 이시무레 미치코의 기록

1968년 7월 이시무레 미치코(石牟礼道子)[5]는 나가사키의 조코인(誠孝院)이라는 절에 조선인 원폭 희생자 유골(154명)이 방치되어 있다는 이야기를 듣고 노란 국화를 안고 그곳을 찾았다고 전해진다. 이 일을 계기로 조선인 원폭 희생자를 만나 증언을 듣고 「국화와 나가사키(菊とナガサキ―被爆朝鮮人の遺骨は黙したまま―)」라는 르포르타주를 쓰게 되는데 그 안에는 다음과 같은 내용이 실려 있다.

"가장 늦게까지 남겨진 조선인들 시체의 눈알을 까마귀가 와서 먹었지. 어디서 온 까마귀였는지 엄청 왔어요. 까마귀가 눈알을 파 먹었대요. 오메 오메 함서 넋 놓고 보고 있자니 글쎄 시체가 움직여. 살았는가 싶어 보니 구더기가 움직이지 뭐요."[6]

"원폭이 떨어진 뒤 맨 나중까지 주검이 남아 있었던 건 조선인이었

---

5 이시무레 미치코(石牟礼道子, 1927~) 평론가. 구마모토 출신. 상업실무학교 졸업후 1947년 결혼. 다니가와 간의 서클촌(谷川雁のサークル村)의 멤버였을 무렵 미나마타병에 관심을 가지고 환자를 방문해 듣고 기록한 『고해정토-우리 미나타마병(苦海浄土-わが水俣病)』(講談社, 1969.1)을 발표. 그 후도 미나마타병의 비참함을 직시하며 방언을 구사한 기록주의를 철저히 하여 그 저작 활동은 미나마타병 투쟁 속에서 큰 역할을 하게 된다. 미나마타병 고발 르포르타주 『流民の都』,『天の魚』등이 있다. 일본근대문학관 편 『일본근대문학대사전 제1권』, 講談社, 1978, p.116. 다만, 『일본근대문학대사전 제1권』의 설명에는 조선인 원폭 희생자 관련 르포르타주에 대한 내용은 보이지 않는다.

6 それで一番最後までの残った朝鮮人たちの死骸のあたまの目ン玉ばカラスがきて食うとよ。どこどこから来たカラスじゃったろか、うんと来とった。カラスが目ン玉ば食いよる。アッアッと思うて見とれば死体が動く。動きよると思えば蛆が動きよるとよ。p.341.

대요. 일본인은 많이 살았지만 조선인은 조금밖에 살아남지 못했지. 이러지도 저러지도 못하고 시체들이 모여 있는 곳에서 조선인은 금방 알 수 있었어. 살아 있을 때부터 다 한 데 모아놨으니까. 외양간에 몰아넣듯이 해서. 일만 꼼짝 못하게 시켰으니까."[7]

방치된 사체, 까마귀, 구더기 등으로 형상화되는 선명한 참혹함은 한국인과 일본민족의 경계를 재확인시켜주면서 '불쌍한 그들'을 표상=대변하고 있다. 과도하게 강조된 참혹함과 비참함으로 피해를 극대화시키고 있는데 이 장면이 사실이더라도 이러한 정황만을 언어로 보여주는 것은 자칫 위험할 수 있다.

결국 이 '까마귀와 피폭 조선인'의 이미지와 언설은 그 후 다른 텍스트에 영향을 주면서 반복되고 정형화, 고착화해 간다.[8] 김경인은 「이시무레의 국화와 나가사키를 통해 보는 나가사키 조선인 원폭 피해자의 실태와 한」이라는 논문에서 "논자는 그렇게 인용된 조선인 피폭자들의 목소리가 과연 인터뷰를 통해 얻은 것을 그대

---

7 原爆のおっちゃけたあと一番最後まで死骸が残ったのは朝鮮人だったとよ。日本人は沢山生残ったが朝鮮人はちっとしか生残らんじゃったけん、どがんもこがんもできん。死体の寄っとる場所で朝鮮人はわかるとさ。生きとるときに寄せられとったけん。牢屋に入れたごとして。仕事だけ這いも立ちもならんしこさせて。p.341.

8 「一番最後まで残った朝鮮人たちの死骸のあたまの目ン玉」を「カラスがきて食う」光景은 마루키 부부에게 결정적인 착상을 주고 <원폭도> 제14부 「까마귀」의 선열한 회화표현으로 이어져간다. 사후에도 방치되어 계속 차별받는 조선인 피폭자라는 표상은 예를 들면, 中沢啓二의 원폭 만화 『맨발의 겐はだしのゲン』에도 고착되어 간다. 국제적인 명성도 있는 이 만화에는 전중 전쟁 반대를 부르짖는 겐의 아버지의 의견에 공명하고 전후는 암시장에서 재산을 축적하는 겐 일가의 경제적인 옹호자가 되는 '박'이라는 조선인 피폭자가 이야기의 중요 부분에 종종 등장한다. 피폭 직후의 장면에서는 '박'의 아버지가 죽어가는 모습과 같은 조선인의 사체가 들판에 방치되었다는 에피소드가 명확히 그려지고 있다.

로 옮긴 것인지에 의문을 가져보지 않을 수 없다. 왜냐 하면 이시무 레는 자신의 대표작인 『고해 정토』에서 등장인물인 피해 어민들의 대사를 '그 사람이 마음속으로 생각하는 것을 글로 옮기면 그렇게 되는 걸요.'라며 그들의 영혼의 소리를 대신하여 글로 표현한 것임 을 시사하고 있기 때문이다. 뿐만 아니라 「국화와 나가사키」에서도 그러한 가능성은 얼마든지 찾아볼 수 있다."[9]라는 매우 의미 있는 지적을 하고 있다.

아래의 내용에도 '까마귀'는 지속적으로 등장하며 르포르타주 라는 형식 속에 나가사키 방언을 사용하며 채록하고 있다는데, 마 음속을 짐작한 글에 덧칠을 한 흔적마저 느껴진다. 작가라면 문학 이라면 이러한 글쓰기는 하지 못했을 것이다. 르포르타주라는 형 식을 빌려 참혹함을 과장하고 사실이라는 것을 강조한 것이라면 더욱 여기에 나타난 피폭 조선인 표상에 대한 비판적인 잣대가 필 요할 것이다. 1950년 초까지의 증언집 등에서는 찾아볼 수 없는 과도한 '각색'을 당시의 사건을 재현하는 표상이라는 형식으로 서 술하고 있는 이시무레의 글에는 다음과 같이 신파조의 대사와 비 참함도 나타난다.

여보시오, 여기 어디 창자 쪼가리라도 떨어진 거 없나요? 딸년 창 자인데.…영 못 찾겠단 말이오. 눈이 원체 흐려서……까마귀가 역시 물어 갔나요? 하늘에서 내려와 역시 저것들 밥이 됐나 모르겠네. (중

---

9 김경인(2013) 「石牟禮道子의 『菊とナガサキ』를 통해 보는 나가사키 조선인 원폭 피해자의 실태와 恨한」 『日本語教育』 Vol.66, 한국일본어교육학회, p.213.

략) 오메 또 싸래기가 오네 오메 구더기들이 당신 머리카락 속에 보시

오 내리네 우리 딸래미 환생했는가. 나가사키 팔월 구더기 싸래기. [10]

나가사키 방언까지 구사하면서 쓰인 이시무레의 글은 현재까지

도 피폭 조선인의 참상을 이야기할 때 인용되며 <원폭도> 전시회

등에서도 설명글에 종종 등장하고 있다.

4. 구리하라 사다코의 시

시인 구리하라 사다코[11]는 1945년 8월 6일 히로시마에서 피폭당

한 자신의 경험을 줄곧 문학을 통해 세상에 발신해왔다.

---

10 あのここらあたりに千尋腸の端きれなりと落ちとりゃまっせんでしょうか　むすめのはらわ
だでございますばってん　めかかりまっせんとですもん　目のかすんで　カラスどんが
やっぱりくわえてはってたかしらん　天から来てやっぱりあの衆たちのご馳走になってし
まわしたかもしれん　(中略) あらまた霞の降ってきたほら蛆どんが　ああたの髪毛の中
に　ほら降ってきた　うちの娘の生まれ替わりはい　長崎八月蛆あられ(김경인이 2011
년 12월 26일 저자로부터 받은 가쇄본에 수록된 「はにかみの国―死ににゆく朝の
詩」 중에서 인용) 부분 재인용 p.217.
11 栗原貞子(1913-2005) 히로시마 출생. 17세 때 ≪주고쿠신문≫ 문예면에 단가
신진 가인으로 데뷔. 1931년, 아나키스트인 다다이치와결혼. 1940년 남편이
징집되어 중국으로 파병되나 병으로 제대하고 히로시마로 돌아오게 된다. 남
편에게서 일본군이 중국에서 어떤 일을 하는지 전해 들은 구리하라는그 때부터
전쟁을 비판하는 시와 단가를 쓰기 시작한다. 구리하라는 히로시마에 원폭이
투하되었던 1945년 8월 6일, 폭심지로부터 4킬로미터 지점에서 피폭되어 평생
을 반전, 원폭에 대한 시를 썼다, 생전 500편 이상의 시 발표. 주로 전쟁을 비판
하는 시와 단가를 발표했다. 대표작으로 시가집『검은 알』, 시집『나는 히로시
마를 증언한다』,『히로시마라고 말할 때』,『미래는 여기서 시작된다』,『핵 시대
의 동화』,『반핵 시가집 히로시마』 등이 있다.

    <히로시마>라고 말할 때 / <아아 히로시마>라고 / 다정하게 응답
해 줄까 / <히로시마>라고 말하면<펄 하버> / <히로시마> 라고 말하
면 <남경학살> / <히로시마>라고 말하면 여자와 아이 들을 / 구덩이
속에 집어넣어 / 석유를 붓고 불태운 마닐라의 화형 / <히로시마>라
고 말하면 / 피와 불꽃의 메아리가 되돌아 오는 것이다 // <히로시마>
라고 말하면 <아아 히로시마>라고 부드럽게 되돌아오지 않는다. / 아
시아 각 나라의 사자(死者) 들과 무고한 백성들이 / 일제히 능욕당한 것
에 대한 분노를 / 분출하는 것이다 / <히로시마>라고 말하면 / <아아
히로시마> 라고 / 부드럽게 되돌아오게 하려면 /버렸을 무기를 진정
으로 / 버리지 않으면 안된다. / 타국의 기지(基地)를 철거하지 않으면
안된다. / 그 날까지 히로시마는 / 잔혹과 불신의 쓰디 쓴 도시다. / 우
리들은 잠재된 방사능에 / 불타고 있는 장벽이 다. // <히로시마>라고
말하면 / <아아 히로시마>라고 / 다정한 대답이 되돌아오게 하려면 /
우리들은 /우리들의 더러워진 손을 /깨끗이 하지 않으면 안된다.

이 시는 권혁태도 서술했듯이 '피폭=피해자'라는 등식하에 피폭
체험의 국민화를 통한 피폭 내셔널리즘이 등장하던 시기에, 구리
하라는 히로시마 나가사키의 피폭체험이 왜 세계, 특히 아시아의
보편적 반핵 평화사상의 역사적 기반이 될 수 없는가를 표현하고
있다. [12] 그녀가 이 시를 발표한 것은 1972년 5월. 그는 다음과 같은
일화를 다른 책에서 소개하고 있다.

---

12 권혁태(2010)『일본의 불안을 읽는다』, 교양인, p.122.

108

1970년대 기독교계 여성단체 주최의 세계여성회의가 미국에서 열렸을 때의 일이다. 회의 종료 후, 친목회 자리에 나타난 미국인 남성을 "히로시마에 원폭을 투하했던 미국의 영웅입니다"라고 소개를 했다. 이에 대해 어느 미국인 여성이 "그를 영웅시하는 것은 잘못된 일입니다. 나는 미국 국민의 한 사람으로서 히로시마, 나가사키 분들에게 속죄하는 마음을 드리고 싶습니다."고 발언하였다. 그러나 중국과 한국을 비롯한 아시아 여성들이 "미국의 원폭은 우리들을 일본의 군국주의 침략으로부터 해방 시켜 주었습니다. 일본인은 자국의 군국주의를 반성해야 합니다. 히로시마의 비극을 말할 자격이 없습니다."고 발언하였다.

일본의 전쟁 범죄에 대한 심판은 잘 알려져 있듯이 극동 군사재판(속칭 도쿄재판)을 통해 이루어졌다. 도쿄재판에서 단죄의 대상이 된 것은 1931년 만주 침략부터 1945년 항복까지이다. 구리하라가 히로시마 나가사키에 등치시키는 난징대학살, 진주만 공습, 마닐라의 화형은 모두 단죄 대상 기간에 일어난 일이며, 이는 도쿄재판에서 단죄가 이루어진 행위이다. 여기서 피해에 등치되는 가해 사실은 모두 도쿄재판에서 국제법상으로 확인된 침략 행위인 것이다. 따라서 도쿄재판에서 확인된 가해 행위를 확인하는 것과 조선 식민지지배에 대한 가해를 성찰적으로 내면화시키는 것은 전혀 다른 문제이다. [13] 구리하라는 이 시에서는 조선에 대한 언급은 하지

---

13 권혁태(2010) 『일본의 불안을 읽는다』, 교양인, p.124.

않았다.

1995년에 발표된 「돌 속에서(石のなかから-한국의 원폭 피해자들을 애도한다)」(1995)라는 시를 통해서는 일본의 역사적 과오와 당시의 일본 정부에 대한 비판이 나타난다. 또한 이시무레가 기록한 '까마귀'에 파먹히는 원폭 희생자 조선인에 대한 묘사가 그대로 답습되고 있다.

돌 속에서 들려 온다 / 불에 탄 수만 명의 사자(死者)의 소리 / 물 물 달라(ムル ムルダルラ) / 물을 주세요 물을 주세 요 / 천년의 원한을 담아 / 밤의 공기를 떨게 한다 // 공원 안에 들어가지 못하고 / 강변의 비석 속에서 / 하룻밤 내내 들려 오는 수 만 명의 사자(死者)의 소리/물 물 달라 물 달라 (ムル ムルダルラ ムルダルラ) // 고향의 논밭을 일구고 있다가 / 강 제로 연행되고 / 고향의 마을과 거리를 걷고 있다가 / 강제로 연행되고 / 아내와 자식, 부모 형제에게도 / 이별의 말조차 주 고받지 못하고 / 우마(牛馬)처럼 연락선에 실려 / 해협을 건너 연행되었다 // 타국의 神을 예배당하고 / 타국의 국왕에게 충의를 맹세 당하고 /마지막에는 **섬광에 불탄 검은 해골이 되어 / 무리 진 까마귀들에게 쪼아 먹혔다.** /아이고 물 물을 달라 / 고향은 둘로 찢어져 / 찢어진 반신(半身)에 / 천 개의 핵무기를 실었다 / 나와 나의 반신에 왜 핵을 집어넣으려는 것인가 // 타국의 병사는 가라 / 핵무기를 들고 가라 / 고향은 하나 / 바람이여 전해다오 저 멀리 / 찢어진 반신이 / 돌 속에서 부르고 있다고

이시무레의 피폭 조선인과 '까마귀'를 연결시킨 표상은 구리하라로 이어져 기정 사실화하는 효과를 내고 있다. 그러면 여기에서

'기억'이라는 측면에서 일본이 원폭 피해에 대해 재현하여 표상할 때 어떤 사회적 정치적 기제가 작동하고 있는지 살펴볼 필요가 있을 것이다. 임지현의 다음 분석은 중요한 시사점을 제공한다.

전후 일본의 기억에서 때로 히로시마-아우슈비츠의 연상은 히로시마의 고통이 아우슈비츠의 고통보다 더 큰 것으로 비약되기도 한다. 사실 구리하라의 시편들은 그런 생각을 숨기지 않고 그대로 드러낸다. 아우슈비츠와 히로시마·나가사키를 세상에서 가장 큰 두 개의 홀로코스트라고 묘사한 구리하라는 히로시마가 아우슈비츠보다 더 끔찍하다고 썼다. 아우슈비츠는 끝났지만, 생존자들이 피폭의 후유증으로 여전히 고통받고 있는 히로시마는 끝나도 끝나지 않았다는 게 그 이유였다. 구리하라에게는 후유증에 시달리는 히로시마 피폭자들의 고통이 아우슈비츠 희생자들의 고통보다 훨씬 더 큰 것이었다. "누가, 어느 민족이, 어느 인종이, 어느 희생자가 더 고통을 받았느냐"는 식의 질문은 희생자의식의 경쟁을 촉발하는 것으로, 지구적 기억구성체 안에서 기억의 재영토화가 고개를 들 때마다 나타나는 전형적인 담론 전략의 하나였다.

희생자를 서열화하는 것도 기억의 폭력이지만, 모든 희생의 기억을 역사적 맥락에서 떼어놓고 추상적 고통으로 획일화하는 것도 폭력이다. 피해자의 고통에 충분히 공감하면서도 고통의 서열화와 획일화를 경계해야 하는 기억의 장은 불편하고 모순된 긴장으로 가득 차 있다.[14]

14 임지현(2021)『희생자의식 민족주의 고통을 경쟁하는 지구적 기억 전쟁』, 휴머니스트, p.177-178.

일본의 피해자의식 안에 또 다른 피해자인 원폭 피해 조선인을 삽입함으로써 다양한 원폭 희생자의 피해자 의식을 더 강조하고 부각시키는 효과를 거두고 있다는 것도 부정할 수 없다. 사실 임지현은 리버럴한 시인으로 구리하라를 평가하고 있기도 하다.

5. 마루키 이리·도시의 〈원폭도(原爆の図)〉

마루키 이리와 도시(丸木位里·丸木俊)[15]는 각각 일본화가, 서양화가로서 1945년 8월 6일, 히로시마에 원자폭탄이 떨어진 지 5년이 지난 1950년 <원폭도 제1부 유령>을 발표했다. 그 뒤 <원폭도> 시리즈는 1982년까지 32년간 계속 15부작으로 제작되었다.

반핵평화운동과 연대해 1953년부터 10년간 <원폭도>는 중국, 유럽, 소련 등에서 순회 전시회를 열었다.

베트남전쟁이 본격화한 가운데 <원폭도>는 1970년부터는 가해

---

15 마루키 이리(丸木 位里 1901~1995)히로시마 출생. 전전에는 전위적인 미술단체인 歷程美術協会와 미술문화협회에 참여하여 추상과 슈르리얼리즘을 도입한 독자적인 수묵화를 발표하여 높은 평가를 받았다. 1941년에 유채화가인 도시코와 결혼. 1945년에 히로시마에 원폭이 떨어진 며칠 후에 달려가 그 모습을 목격했다고 한다. 결국 부부 공동제작으로 <원폭도>를 제작하여 30년 이상의 세월에 걸쳐 15부 연작 완성. 한편 풍경을 중심으로 한 스케일 큰 수묵화를 다수 남겼다.
마루키 도시(丸木 俊 1912~2000)홋카이도 출생. 여자전문학교에서 유화를 배운 후 모스크바, 미크로네시아에 체재. 유화와 스케치를 다수 그려 二科展에 입선했다. 이리와 결혼 후 전후의 작품활동은 이리 부분 참조.사회적 주제의 부부 공동제작을 발표했다. 뛰어난 그림책 작가로서도 알려져 『히로시마의 피카』 등의 그림책은 지금도 많은 사람들이 읽는다.

국인 미국 각지를 돌면서 순회 전시되었다. 마루키 부부는 이 전시회에서 후에 본격적으로 기술할 가해자성과 피해자성에 대한 새로운 인식을 하게 된다. 일반적으로 이 시기를 기점으로 마루키 부부가 미일 관계뿐만 아니라 일본과 아시아 제국들과의 관계를 새롭게 바라보는 복안(複眼)적인 시각을 가지게 되었다고 평가받고 있다.

그 후 마루키 부부는 제13부 「미군 포로의 죽음」(1971)과 조선인 희생자를 표상한 제14부 「까마귀」(1972)를 발표했다. '원수폭 금지 일본국민회의'가 처음으로 조선인 피폭자 문제를 일본의 전쟁 책임과 엮어 의제로 삼고, '피해자 운동'에서 '다시 가해자가 되지 않는 운동'으로 전환하기로 선언한 것도 같은 해인 1972년이다. 마루키 부부의 <원폭도> 공동제작은 일본의 피해자성을 강조하는 테마로부터 주제를 확장시켜 그 뒤 난징, 아우슈비츠, 미나마타, 오키나와 등을 그린 그림으로 이어지게 된다.

일본 국내외의 사회 움직임이나 시대 흐름과 깊이 연관되어 연작으로 발표된 마루키 부부의 <원폭도>는 '원폭의 기억'이 어떻게 표현되어 형상화했는지 고찰하는데 유효한 단서를 제공한다.

1958년 『미술운동』 제55호는 <원폭도> 특집에서 세계 순회전을 크게 다뤘다. 이 특집은 세계 순회전의 모습을 현지보도 등을 포함해 자세히 소개했는데 토쿠다이지 킨히데(德大寺公英)가 1953년 『미술비평』에 발표한 글도 다시 게재되었다.

중요한 것은 이러한 현실성은 특히 원폭을 둘러싼 현실성과 어떤 관계가 있는가라는 것이다. (중략) 우리는 그것으로부터 이상한 느낌

113

을 받게 되고, 비참한 느낌을 가졌다 해도 시종일관 원폭으로 인한 현상에만 치중한 것은 아닐까. 즉 <원폭도>는 과장이나 왜곡이 없는 비참한 사실에 충실한 것은 의심의 여지가 없으나 단순한 르포르타주가 아닌 이 그림은 너무 이상한 현상을 철저히 극명한 묘사로 그리고 있다. 그래서 이 <원폭도>에서 우리가 받는 것은 우선 감각적인 소름이고, 그것은 충분히 우리를 자극한다. 그러나 원폭이 태어난 20세기적인 문명이나 사회의 문제를, 그리고 원폭이 가져오는 불행에 대해 인간이 어떻게 저항해 나갈 것인가라는 오늘의 과제는 직접 떠오르지 않는다. [16]

시의 미술평론계에서도 <원폭도>가 비참한 사실 묘사에 충실하여 자극적이고 소름 돋는 감각을 제공한다고 평가한다. 그렇지만 사실 묘사를 뛰어넘어 불행을 겪은 인간이 어떻게 그것을 극복하고 새로운 미래를 만들어나갈 것인지는 제시하고 있지 않다고 지적한다. 당시에는 원폭 피해의 참혹함을 사실적으로 그리는 차원을 넘어서 피폭을 표상할 때 일본의 피해자성만 강조된 해석 코드가 작동되고 있었다고 할 수 있을 것이다.

고자와 세츠코(小沢節子)는 "<원폭도>가 걸어온 궤적은 내포하는 서정성과 대중성을 지렛대로 해서 관객의 감정이입의 방향을 특정 방향으로 규제했다" 면서 이러한 수용과 사회적 기능을 문제 삼는다.[17]

---

16 德大寺公英(1953)「「原爆の図」を繞って」『美術批評』, 美術出版社, p.10-15. 『美術運動』제55호(1958)에 재수록.

고자와에 의하면, 특히 전국순회전과 원폭전이 개최된 각지의 '장소'(순회전은 각지의 백화점이나 절 외에 오사카 이카이노(猪狩野)의 조선소학교, 도쿄의 결핵 치료소, 요코스카와 사세보의 미군기지 등에서도 열림)와 <원폭도>와 그 복제가 실제로 소비되는 '장소'에서는 관객을 앞에 두고 아내 도시와 그 협력자=대변자가 그림을 해설하는 방식을 취했다고 한다. 그것이 흡사 종교적인 분위기도 띄게 만들었다는데, 도시의 이야기는 감정 이입하기 쉬운 젠더 배치(모자와 소녀의 형상) 등을 이용하면서 차츰 정식화하고 국민운동으로서의 평화 운동에 큰 영향을 미치게 된다. "해외의 시선도 의식한 내셔널리즘적 감정을 선정적으로 표상하는 중기의 창작이 있다"고 고자와는 지적하고 있다. 이리하여 선전 도구화한 <원폭도>는 일본의 평화 운동 쇠퇴와 함께 망각되었는데 1970년 전후에 고자와의 표현을 빌리자면 "결여의 존재를 재발견"하면서 <원폭도>와 그 후의 창작이 이루어지게 된다.

마루키 이리도 구리하라처럼 피해자성에서 벗어나 가해자성을 인식하게 된 계기로 자신의 경험을 다음과 같이 말하고 있다.

처음에는 미국은 심하다고 분노할 뿐이었어요. 그러나 1970년에 미국에서 원폭도 전람회가 드디어 열렸을 때 어떤 사람에게서 만약 중국의 화가가 남경대학살 그림을 그려서 일본에 가져간다면 어떻게 하겠냐고 질문을 받아서 깜짝 놀랐어요. 내 사상이랄까 그러한 것 안에 역시 피해자의식에 빠져있는 사고방식이 있었던 것이지요. 이름

---

17 小沢節子(2002)『「原爆の図」──描かれた<記憶>, 語られた<記憶>』, 岩波書店.

을 붙이면 민족주의적인 배외사상이라는 것이 되겠지요. 원폭 반대라고 말하지만 그러한 것이 내 저류 안에 있었다는 것을 깨닫고 정말로 깜짝 놀랐어요. 그때부터입니다. 미국 포로의 죽음을 그리거나 조선인 피폭자를 테마로 한 '까마귀'라는 그림을 그리거나…… '까마귀', 아직 한 장인데 부드러운 그림이지요. 더욱더 심한 상황이었으니까요.

이러한 미국에서의 경험이 계기가 되고 직접적으로는 1972년의 원수폭금지대회라는 역사인식의 전환에 영향을 받아 마루키 이리와 도시는 아래 그림 <원폭도> 제 14부 '까마귀'를 제작한다.

〈그림 1〉 제14부 「까마귀」 180*720

<까마귀>는 피폭을 당한 들판에 방치된 조선인 피폭자의 사체를 까마귀가 쪼아 먹는 모습을 그리고 있다. 흰색 치마와 저고리가 선명하게 흐느적 거리는 가운데 까마귀 무리가 달려들어 난도질하고 있는 모습이다. 이 그림은 앞에서 고찰했던 이시무레의 「국화와 나가사키」(1968)에서 영감을 받았다고 한다.

고자와 세쓰코는 (마루키 부부가 까마귀 모습에서) "차별과 억압을 내면

깊숙이 간직해온 서민의 모습을, 그리고 그 일원인 자신들의 모습을 본 게 아닐까"하고 긍정적으로 해독하고 있다. 그림에서 보이는 참혹함과 처참함, 선명한 백의민족의 의상은 그림 너머에 가려진 식민지배의 역사와 왜 조선인이 제국 일본의 나가사키에 와서 피폭되어 방치된 채 까마귀의 먹이가 되어야 했는지까지는 상상할 수 없게 만든다. 더 위험한 것은 이 그림은 이시무레의 선행텍스트의 자극적인 내용을 그대로 받아들여 사실처럼 극대화시키고 슬픔을 조장하고 동정심을 이끌어낸다. 조선인의 처참함이 강조될 뿐 여기에는 차별과 배제의 역학, 일본의 과오 등은 보이지 않는다. 가와구치는 「까마귀」와 「국화와 나가사키」에 대해서 다음과 같이 서술한다.

'까마귀'와 '국화와 나가사키'의 공통점으로 지적할 수 있는 것은 일방적인 사회정의를 방패로 해서 절대적이고 안전한 입장에서 가해자를 고발, 규탄하는 스타일을, 반드시 취하고 있지만은 않다는 점이다. 그 안에 흐르는 것은 우선은 가능한 한 피해자의 경우에 접근하면서 함께 괴로움을 감수하려는 자세이다. 그것은 피해자/가해자라는 구분을 고정적으로 파악하여 안이하게 전자에 동일화하는 것이 아니다. 피해와 가해가 복잡하게 뒤얽히며 유동하는 듯한 기억의 장에 반복해서 다시 돌아옴으로써 자기 안의 가해자성까지 대치하여 원폭 경험을 근본적으로 다시 다루려는 그러한 운동의 궤적을 읽어낼 수 있는 것이다.[18]

---

18 川口隆行(2010)「「はだしのゲン」と「原爆文学」―原爆体験の再記憶化をめぐって」, p.224.

일본의 피해자성만을 강조했던 방식에서 일본 내의 또 다른 피해자인 피폭 조선인을 표상한 것은 분명히 한 단계 나아간 자세이다. 그러나 피해자와 가해자를 단순히 분절하고, 일본 내의 피폭 조선인을 회화 안에 자극적으로 담아내는 것만으로는 뻔한 정의의 언설에 빠질 수 밖에 없다. 안이한 수용으로는 충분히 설명할 수 없는 조선인 원폭 희생자라는 존재가 내포하고 있는 복잡하면서도 굴곡진 모습을 조금이라도 투영시키는 방식으로 이시무레와 마루키 부부의 조선인 표상이 이루어졌어야 한다. 그렇게 해야 피해와 가해, 선과 악, 그것을 포함하는 전쟁과 평화는 어떤 것인지 등의 물음을 개개인에게 던져 그 해결방법에 대한 고민으로까지 나아갈 수 있게 할 것이다. 시각에만 치중하는 회화라는 장르의 한계도 있었겠지만 마루키 부부는 이시무레의 르포르타주를 보다 자극적인 회화라는 방식으로 제작함으로써 그 이후의 각 표현 장르에서 피폭 조선인을 표상할 때 선행 텍스트로서 선명하고 강력한 영향력을 발휘하게 되는 것이다.

6. 가해와 피해 사이

가해자성과 피해자성을 이야기하는 언설의 경우 구리하라 「히로시마라고 말할 때」(1972)는 피해자가 피해자임과 동시에 가해자이기도 하다는 시점을 이야기하면서 '피해자'='피폭자'라는 도식의 타파를 시도한다. 그러나 가와구치는 "이 시에 있어서조차 화해

의 이미지와 그 안에 흐르는 문제, 즉 타자로부터의 나르시시즘적
인 자기승인의 욕망이 존재하고 있다.”[19]고 말하는데 매우 날카로
운 지적이라 할 수 있다. 나카오 도모요(中尾知代)도 2000년에 개최된
일란전쟁원폭전(日蘭戦争原爆展)에 비판 · 반대한 목소리를 접하면서
다음과 같은 과제를 제기하고 있다.

　　일반적으로 이러한 비판을 지지하는 것은 일본의 가해 인증과 강
　　조가 서양 열강의 아시아 · 아프리카 침략과 식민지주의를 면죄하고
　　있다는 감각이다. 또한 일본만이 일방적인 ‘악’, ‘가해자’로 표상되고
　　심판되는 것에 대한 자극일 것이다. 아시아와 일본이 ‘피해자’ 대 ‘가
　　해자’의 구도에 처하는 가운데 서양의 책임과 관계가 맹점이 되는 점
　　에 가장 큰 자극이 있다. 이번 전시를 둘러싼 공방이 남긴 과제는, 실
　　은 이 자극을, 과격한 내셔널리즘이나, 심플한 일본 무죄설, 또는 국
　　내의 비판에 가둬두지 않겠다는 것이다.[20]

원폭 피해 조선인의 피폭체험을 관통하는 다른 측면의 식민지주

19　川口隆行(2010) 「「はだしのゲン」と「原爆文学研究」―原爆体験の再記憶化をめぐっ
　　て」, pp.223-224.
20　総じて、これらの批判を支えるのは、日本の加害の認証や強調が、西洋列強のアジ
　　ア・アフリカ侵略や植民地主義を免罪している、という感覚である。また、日本のみが
　　一方的な「悪」「加害者」と表象され裁かれることへの苛立ちであろう。アジアと日本
　　が、「被害者」対「加害者」の構図におかれる中で、西洋の責任や関わりが盲点になる
　　点に、一番の苛立ちがある。今回の展示を巡る攻防が残した課題は、実はこの苛立
　　ちを、過激なナショナリズムや、シンプルすぎる日本無罪説、または国内の叩き合い
　　に閉じこめないということであろう。中尾知代(2001.4) 「長崎で考える戦争・原爆展」
　　『長崎平和研究』第11号.

의가 작동될 여지가 있다는 사고를 가능케 하는 서술이라고 생각
한다. 반복되는 '까마귀'에 쪼아 먹히는 조선인 사체에 대한 기술
은 일본의 피해를 한층 강조하여 식민지배라는 과거를 희석시킬
우려도 있고 실제로 구리하라는 「히로시마라고 말할 때」에서는 정
작 중요한 식민지 조선에 저지른 과오는 언급하고 있지 않은 것이다.

인류에게 보편적인 의미를 갖는 체험으로써만 피폭체험을 말하
기 쉬운 일본 측의 인식틀을 뒤흔드는 힘이 필요하다. 일본의 가해
성의 자각 없이 피폭체험을 말해도 아시아의 사람들에게는 닿지
않는다는 인식은 이미 오랜 역사를 가지고 있지만 그것이 주류화
되고 있는 것은 아니다. 주류를 점하고 있는 것은 '유일한 피폭국'
이라는 일본을 특권화하는 이야기, 피폭체험을 말할 권리를 일본
이 독점하고 싶다는 욕망이다.

한편, 마루키 부부는 관동대지진시 학살당한 조선인을 추모하는
「통한의 비(痛恨の碑)」라는 위령비를 1986년에 사비로 마루키 미술
관 뒤쪽에 세우기도 했다. 그런데 잘 알려져 있듯이 히로시마 평화
공원의 원폭희생자 위령비문에 새겨진 「편안히 잠드소서. 잘못은
되풀이하지 않을 테니까.(安らかに眠って下さい過ちは繰返しませぬから)」에는 잘
못을 저지른 주체가 명시되어 있지 않다. 관동대지진시 학살당한
조선인을 연구하는 야마다 쇼지(山田昭次)는 1952년에 사이타마에
있는 안성사(安盛寺)와 장봉묘지(長峰墓地), 군마현 성도사묘지(成道寺墓
地)에 건립된 세 개의 조선인위령비의 비문 속에 학살한 주체의 기
술이 없는 점을 지적하고 있다. 마루키가 세운 '통한의 비'의 비문
은 확인하지 못했지만, 이렇듯 전후 일본은 원폭의 피해와 학살 피

해라는 사실은 기록하지만 주체를 희석시킴으로써 일본의 피해자성은 강조되고, 조선인의 학살 책임은 회피하고 있는 것이다. 이러한 의도된 주체 지우기는 '까마귀'와 조선인을 연결시킨 표상으로 나타나 "애매한 일본"의 모습으로 전승되고 있다고 할 수 있다.

7. 맺음말

전쟁과 원폭체험의 표상, 혹은 그것에 대해 말하는 언어의 정형화는 지배적인 해석 코드의 강화, 더욱이 특권화를 의미한다. 본래 유동적이어야 할 체험의 기억은 그 불안정성을 없애가면서 정형화되고 그 작업이 진행되면 각 사회의 공적인 역사로서 등록된다.

전후 일본 사회에서 방치된 조선인 피폭자를 '동정'하여 피폭자를 표상한 문학과 미술이라는 존재는 전전의 식민지체제의 기억을 망각시키는 측면이 있다. 식민지 피폭자에 대한 표상은 전후 일본의 양심적인 자세로서 기능하기 쉬운 동시에 식민지배와 전쟁의 경험을 재정의하는 계기를 잃어버리게 만들 수도 있다. '문학'의 마이너리티인 '원폭 문학'과 피폭자 중의 마이너리티인 '조선인 피폭자'가 교차하는 지점에 나타난 것은 '건전한 전후 일본'이라는 모습이다.

문학과 미술이라는 표현 장르에서 조선인 원폭 피해자를 표상=대변하려고 하는 자세에서는 피폭을 당한 현상만을 보여주는 것이 아니라 그전과 그 후의 역사적 경위와 전망이 필요했으리라 생각한다. 회화라는 시각예술을 통해 참혹함의 효과는 강조되며 극대화했다. 그것은 차별이 당연한 열등한 존재로서의 조선인 이미지를 고정화·정형화하는 결과를 초래했다. 선행 텍스트에 나타나는 '까마귀'와 피폭 조선인은 오랫동안 문학과 미술에서 반복되어 다루어졌다.

전후 민주주의라는 이름 아래 조선인이 일본에 건너오게 된 역사적 경위에 대한 배려와 상상력을 결여했을 경우 자기방어의 나르시시즘이 생겨버릴 위험성이 있다. 구리하라와 마루키의 '까마귀' 표상이 불편한 이유가 거기에 있다.

"정형화된 '까마귀'에 쪼아 먹히는 피폭 조선인" 표상은 원폭 체험의 기억 속에 차별적인 식민지인이라는 존재를 부각시킨다. 식민지배와 전쟁의 '가해'의 문제는 이러한 과정 속에서 결락, 망각되기 쉬워진다. 모든 희생의 기억을 역사적 맥락에서 떼어놓고 추상적 고통으로 획일화하는 것도 위험하다. 피해자의 고통에 충분히 공감하면서도 고통의 서열화와 획일화를 경계해야 하는 이유이다.

| 참고문헌 |

김경인(2013)「石牟禮道子의『菊とナガサキ』를 통해 보는 나가사키 조선인 원폭 피해자의 실태와 恨한」『日本語教育』Vol.66, 한국일본어교육학회.

이영희(2014)「쿠리하라 사다코(栗原貞子)의 반전시 속의 한국 묘사 및 천황 비판」『일본어문학』Vol.64, 일본어문학회.

후지무라(이나바) 마이(2020.12)「전후의 화가들이 그린 전쟁 : 마루키 이리마루키 도시와 하마다 지메이를 중심으로」『미술사논단』51, 한국미술연구소.

_____(2017)「전쟁의 기억과 평화실천 - <원폭도>를 중심으로-」『일본언어문화』Vol.41, 한국일본어문화학회.

石牟礼道子(1968.8.11)「菊とナガサキ被爆朝鮮人の遺骨は黙したまま」『朝日ジャーナル』.

岡村幸宣(2009)「原爆の図」全国巡回展の軌跡」『原爆文学研究第8号』.

川口隆行(2003)「朝鮮人被爆者を巡る言説の諸相——一九七〇年前後の光景—, プロブレマティーク」『文学／教育』4号.

_____(2003)「書評論文 小沢節子著『原爆の図　描かれた<記憶>、語られた<絵画>』,『原爆文学研究』2号.

_____(2014)「核のカタストロフィと表象 —原爆文学における日常の崩壊と再生—」『立命館言語文化研究』, 25巻, 2号.

_____(2014)「『われらの詩』と朝鮮戦争」『日本学報』, 33号.

_____(2018)「原爆文学研究の現状と課題 : 東アジアという視座から, グローバル日本研究クラスター報告書」, 1号.

_____(2010)「『はだしのゲン』と「原爆文学研究」—原爆体験の再記憶化をめぐって」.

黒川伊織(2015)「被爆体験記に描かれた朝鮮人被爆者の姿——一九七〇年代まで—」『原爆文学研究』第14号.

平岡敬(1983)『無縁の海峡—ヒロシマの声被爆朝鮮人の声』, 影書房.

水島裕雅三吉と「われらの詩(うた)の会」(2009)『原爆文学研究』第8号.

일본 시민단체 '제로 회의'의
아동학대 가해 부모 지원방식을 통해 본
서벌턴 상생의 가능성

금 영 진

1. 머리말

입양된 지 8개월 만인 2020년 10월 13일에 아동학대[1]로 사망한 14개월 여아 정인이 사건[2]은 세상을 경악과 슬픔에 빠뜨렸다. 정인

---

1 아동학대는, 통상 신체적 학대, 심리적 학대, 성적 학대, 방임의 네 가지를 들지만, 서구권에서는 부부간의 다툼 과정에서 발생하는 가정 폭력의 목격도 포함하고 있다. 飯田邦男(2005)『虐待親への接近─家裁調査官の目と技法─』, 民事法研究会, p.50 이 글에서는 일본에서의 아동학대 연구 및 부부싸움을 면전 학대로 규정한 관련 내용 설명의 필요성에 의거, 일본 자료에서 규정한 학대 개념을 소개하였다.
2 입양된 이후 3차례에 걸쳐 아동학대 의심 신고가 있었으나 정인 양의 상처에 대하여 양부모가 단순 구내염 진단서를 제출하여 경찰로부터 무혐의 처리되었고 사건 당일 밥을 먹지 않는다는 이유로 양모로부터 폭행을 당한 끝에 췌장 절단

이 사건을 계기로 2021년 3월 16일에 일부 개정된, 아동학대 범죄의 처벌 등에 관한 특례법 개정안에는 아동학대 사망사건 가해자를 7년 이상의 징역에 처하도록 하는 아동학대 살해죄가 새로 추가되었다. 하지만 필자는 이러한 가해자 엄벌 위주의 대책에 대해 회의적이다.

사실, 2013년 10월 24일에 발생한 울산 계모 아동학대 사망사건(서현 양 사건, 당시 9세, 갈비뼈 16개 골절로 사망을 계기로 우리나라에서는 가해자를 5년 이상의 징역형에 처하는 아동학대 치사죄를 포함한 강력한 처벌법(서현이 법)을 2014년에 이미 제정, 시행했었다.[3]

하지만 그 이후에도 아동학대 사망사건이 줄기는커녕 2015년의 16명에서 2019년의 42명으로 오히려 2.5배 이상 늘고 말았다.[4] 종

및 후두부와 쇄골, 대퇴골 골절등의 사인에 의해 사망하였다. 1심 재판부는 양모에게 무기징역을, 양부에게 징역 5년을 선고하였고, 양부모는 1심 판결에 불복하여 현재 항소 중이다.

3 2000년 7월 아동복지법의 개정과 2014년 9월 아동학대범죄의 처벌 등에 관한 특례법 시행으로 아동학대 행위를 범죄로 간주하고 처벌 강화 및 피해 아동에 대한 보호 지원체계를 마련하였다. 김혜정·조한나(2015)『연구보고서 2015-8 아동학대 예방 및 재학대 방지를 위한 상담·교육 프로그램 개발』, 부산여성 가족개발원, 요약문 p.ⅰ.

4 보건복지부(2020)『2019 아동학대 주요 통계』, 보건복지부, p.70 그리고 더 심각한 것은 이러한 통계에 누락된 경우가 훨씬 더 많을 수 있다는 점이다. 학대로 숨진 아동이 정부 통계보다 최대 4.3배 많을 수 있다는 국립과학수사연구원의 연구 결과가 그것이다. 김희송 국과수 법 심리 실장은 과학수사 소식지를 통해 지난 2015년부터 2017년까지 3년 동안 발생한 아동 변사사건 1천여 건의 부검 결과를 분석한 결과, 이 가운데 최대 391명이 학대와 관련된 것으로 추정된다고 밝혔다. 같은 기간 집계된 공식 아동학대 사망자는 모두 90명으로, 실제 학대 사망 아동이 정부 공식 통계보다 최대 4.3배 많을 수 있다는 분석이다. 연합뉴스, 2021.5.16,「국과수 "아동학대 사망, 정부 통계의 4.3배"」https://www.yonhapnewstv.co.kr/news/MYH20210516006100038 (검색일:

래의 3년 이상의 징역에서 5년 이상의 징역으로 형량을 더 늘린 서현이 법을 제정하여 아동학대 가해자 처벌을 강화했으나 우리 사회는 결국 정인이 사건을 막지 못했고, 형량을 5년에서 7년으로 더 늘린 정인이 법을 이번에 다시 만든 것이다.

가해자에 대한 처벌 강화가 결코 능사가 아님은 윤창호법이 잘 말해준다. 음주운전으로 사람을 사망케 한 경우 종래의 1년 이상의 징역에서 3년 이상의 징역 또는 최대 무기징역까지로 처벌을 강화한 제1 윤창호법(2018년 12월 18일 시행)과, 0.05%(소주 두세 잔)였던 처벌 기준 혈중 알콜 농도를 0.03%(소주 한 잔)로 강화한 제2 윤창호법(2019년 6월 25일 시행)은 엄벌 위주 대책의 한계를 잘 보여준다. 형량이 1년 이상에서 3년 이상으로 늘어난 윤창호법 시행 첫해인 2019년에 일시적으로 줄었던 음주운전 적발건수가 2020년에는 다시 늘어 원래로 되돌아갔기 때문이다.[5] 다음번 음주운전 사망 사고 희생자의 이름을 딴 제3 윤창호법이 만들어져 형량을 3년 이상에서 5년 이상으로 늘려도 결과는 역시 마찬가지일 것이다.

그리고 그 이유가 음주운전의 무서운 중독성 때문이었음을 상기한다면,[6] 가해자에 대한 엄벌만으로 아동학대 사망사건을 줄일 수

2021.5.16)

5 음주운전 교통사고는 5,533건(2016년)→5,411건(2017년)→5,288건(2018년)→3,787건(2019년)등으로 매년 감소 추세였다. 특히 지난해에는 음주운전 사고가 전년 대비 28.4% 줄었다. 음주운전으로 인한 사망 사고에 최고 무기징역형까지 선고할 수 있도록 한 윤창호법이 시행되면서다. 그런데 올해는 신종 코로나바이러스 감염증(코로나19) 확산에 따라 교통량이 줄었음에도 음주운전 사고가 늘었다. 올해 8월까지 음주운전 사고는 4,627건으로, 전년 대비 22.2% 증가했다. 중앙일보, 2020.9.27,「"윤창호법 잊었나…시행 1년 만에 음주 사고 다시 늘었다."」, https://www.joongang.co.kr/article/23881989(검색일: 2021.5.16)

있을지에 대해 필자는 여전히 회의적이다. 실은 그 배경에는, 엄한 처벌만으로는 막을 수 없는 가해자의 분노 조절 장애와 폭력성의 중독 문제가 얽혀 있기 때문이다.[7] 음주운전을 하기 전에 자신이 받게 될 처벌을 미리 따져 보는 사람은 없으며 이는 아동학대 가해자 역시 마찬가지이다. 가해자들은 일을 저지르고 나서야 비로소 자신이 받게 될 처벌에 대해 알아보고 벌을 피하거나 형량을 줄일 방도를 찾지, 처벌이 무서워 당장 가해행위를 멈추지는 않는 것이다.

그리고 또 한 가지, 아동학대 가해자 중 상당수가, 한때는 우리가 그토록 측은하게 바라보았던 아동학대 피해자였다는 사실을 직시할 필요가 있다.[8] 피학대 경험이 있는 아동의 어느 정도가 가해자가

---

6 "2018년의 음주운전 재범(再犯)률은 44.7%로 나타났다. 같은 해 대검찰청이 밝힌 마약범죄 재범률은 36.3%. 경찰 관계자는 "마약보다 음주운전 중독성이 더 강하다." 조선일보, 2018.12.30, 「재범률 45%…마약보다 중독성 강한 음주운전」, https://www.chosun.com/site/data/html_dir/2018/12/30/2018123000731.html (검색일: 2021.5.16)

7 분노 조절 장애의 경우, 분노를 조절해야 할 뇌의 전두엽 부분이 한창 성장해야 할 시기에 학대로 인해 성장을 멈추고 오히려 퇴화해 버리고 만다. 어린 시절 학대를 받으며 성장한 사람들의 뇌 구조에 문제가 있으며 분노 조절 능력이 현저히 떨어진다는 사실은 이미 밝혀진 바 있다. ADHD(주의력 결핍 과잉 행동 장애) 증상에서 흔히 보이는 산만함과 과도한 공격성, 낮은 학습 능력이 학대 피해자에게서 흔히 나타난다는 사실에 주목할 필요가 있는 것이다. 치매 노인들의 과도한 공격성도 뇌의 분노 조절 장애와 연관이 있다는 점에서 이와 유사하다. 또한, 반복적인 폭력은 피해자에게는 강한 내성과 반항심, 복수심을, 가해자에게는 폭력을 써서 피해자를 단박에 복종시키는 묘한 쾌감에서 오는 폭력의 중독성과 에스컬레이터를 유발한다. 田中究(2016)「子ども虐待とケア」『児童青年精神医学とその近接領域』57(5), pp.705-718.

8 아동학대를 아동학대의 세대 간 전수(intergeneraional transmission of child abuse) 측면에서 이해하고자 하는 연구(Belsky, 1993; wolfe & Wekerle, 1993)에서는 아동학대 및 가정 폭력 경험이 있는 행위자들이 학대를 가할 가능성이 높다고 보았다. Belsky(1993)는 가해자가 어린 시절에 경험한 학대는 학습되는 경향이 있으며 어린 시절 학대를 경험한 부모는 자신의 아동기 경험을 바탕으로 부적절한 양육 태도를 형성하여 학대 행동을 반복할 가능성이 높다고 보

되는지에 대해서는 의견이 갈리지만, 아동학대 피해자가 가해자가
되는 경우 사이에서는 강한 유관성이 확인된다.[9]

 아동학대 피해자는 자기보다 어린 동생에 대한 형제 학대, 동급
생이나 하급생에 대한 학교 폭력, 연인에 대한 데이트 폭력, 배우자
나 자녀에 대한 가정 폭력 및 아동학대, 나이 든 부모에 대한 노인
학대의 가해자가 되기 쉽다. 즉 학대의 대물림과 악순환이 벌어지
는 것이다. 또, 아동학대의 약 80%는 대개 가정 내에서 친부모에
의해 발생하는데[10], 친부 또는 친모가 어린 시절 아동학대를 경험
했거나, 배우자에 대한 원망 또는 배우자의 폭력에 대한 분노, 원치
않는 임신과 육아 스트레스에 대한 화풀이가 아동학대로 표출되는
경우가 많다.

 아동학대의 첫 번째 희생물은 아무래도 장남이나 장녀가 되기

았다(Frailberg, 1980; 김은영, 2004). Straus(1990)는 10대였을 때 구타당한 경
험이 많은 응답자가 그렇지 않은 응답자들보다 자녀에게 심한 공격을 가할 가
능성이 높음을 제시했다. 김혜정·조한나, 앞의 책, p.17
9 세대 간의 전수(폭력을 초래하는 폭력 이론)에 대해 아동기에 학대를 받은 사람
이 가해자가 되는 비율에 대해서는 30%, 56%, 90% 등 의견이 분분하다. 알란
켐프(2001)『가족 학대 가족 폭력』이화여자대학교 사회사업연구회, 나남출판,
pp.93-99. 다만 필자의 견해로는, 피학대 경험이 있는 사람은 누구든지 계기만
주어지면 얼마든지 아동학대를 저지를 수 있는 잠재적인 가해자라고 본다.
10 "2012년부터 2018년까지 아동학대 전수를 학대 가해자를 중심으로 분석해 봤
습니다. 도윤이처럼 부모에게 학대를 당한 경우가 10만 6백여 건 가운데 7만 9
천 건으로 평균 79%로 나타났습니다. 친부모와 계부모, 양부모를 모두 합한 수
치이지만, 역시 친부모의 학대가 절대적으로 많았습니다. 발견된 건수로만 보
면 2012년 5천3백여 건이던 부모에 의한 학대는 2018년에는 만 8천여 건까지
늘었습니다. 친아버지가 가해자의 56%, 친어머니가 40% 가까이 차지했습니
다." KBS, 2020.8.25.,「[아동학대 7년의 기록]③ 태어나자마자 '학대'부터…데
이터가 말하는 가해자의 민낯은?」,
https://news.kbs.co.kr/news/view.do?ncd=4524583&ref=D(검색일: 2021.5.16)

쉬운데 이는 곧 자신보다 어린 형제에 대한 피해 아동들의 형제 학대를 유발하게 된다. 일본에서 1997년에 사형이 집행된 연쇄살인범 나가야마 노리오(永山則夫)도 그런 경우이다. 나가야마는 수감 생활 중『무지의 눈물(無知の涙)』,『나무다리(木橋)』등의 책을 간행하였는데, 그 안에는 그가 어린 시절 받았던 아동학대의 대물림과 악순환이 절절히 그려져 있다. 도박과 술에 빠진 남편을 견디다 못해 어머니가 가출한 이후, 그는 버려진 형제(특히 둘째 형)로부터 지속적인 구타를 당했고, 기껏 다시 재회한 어머니로부터도 아버지를 닮았다는 이유로 구박과 방임을 당했다. 소위 메데이아 콤플렉스의 희생양이 되고 만 것이다.[11] 그리고 일곱째였던 나가야마가 바로 아래의 막내 여동생과 조카에 대한 형제 학대 가해자로 변신하는 데에는 그리 오랜 시간이 걸리지 않았다.[12]

따라서 피해자와 가해자라는 이분법적 대립 관점이 아닌, 양쪽 다 시차를 갖는 현재 또는 과거의 피해자라는 측면도 함께 고려해야 할 것이다. 즉 아동학대 피해자는 물론 사회적 약자이며, 이들은 서벌턴(subaltan)[13]의 범주에 포함된다. 하지만, 아동학대 가해자 역

---

11 고대 그리스 신화에 등장하는 태양신 헬리오스의 손녀이자 흑해 부근의 고대국가인 콜키스의 왕, 아이에테스의 딸이었던 메데이아는 아버지를 배반하고 이아손과 결혼하여 자식을 낳고 살지만, 이아손이 자신을 버리자 자식들을 칼로 찔러 죽이고 이아손이 상실감에 고통스러워하는 것을 즐긴다. 자녀의 아버지를 향한 복수심에 자녀를 죽이거나 자녀가 아버지를 미워하도록 세뇌시키는 심리를 말한다. 곽금주(2014)『마음에 박힌 못 하나 곽금주 교수와 함께 푸는 내 안의 콤플렉스 이야기』, 쌤앤파커스, pp.126-138.
12 堀川惠子(2013)『永山則夫封印された鑑定記録』, 岩波書店, pp.109-115・150-154.
13 서벌턴의 사전적 의미는 여성이나 노동자, 이주민과 같이 권력의 중심에서 배제되고 억압을 당하는 사람. 또는 그런 무리를 뜻한다. 탈식민주의 학자 가야트리 스피박의 개념으로, 원래는 하위 주체를 의미하나 점차 제3세계 여성 등 권

시 노동착취나 갑질을 당하기 쉬운 사회적 약자층인 경우가 많으며, 그들은 자신의 과거의 가족으로부터 받은 학대의 상처나 스트레스를 자신의 현재의 가족들에게 전가한다는 점에서 보자면 가해자임과 동시에 피해자이며 그런 측면에서 보자면 그들 역시 서벌턴이라 할 수 있다.

알기 쉬운 예를 들자면, 이처럼 피해자이면서 동시에 가해자인 서벌턴의 범주에 속하는 전형적인 집단이 바로 갑질을 당한 을이 자신보다 약한 병에게 을질을 하는 군대라 할 수 있다. 그리고 가정에서 아내와 자식에게 폭력을 휘두르는 가정 폭력 가해자의 상당수가 대개는 그 사회에서 사회적, 경제적 마이너리티 약자라는 점 또한 간과할 수 없다. 따라서 아동학대 가해자와 피해자 문제 해결에 있어서 피해자인 아동뿐만 아니라 가해자이자 한 때는 아동학대의 피해자였을 수 있는 가해 부모도 함께 구제할 수 있는 지원책이 필요하다. 따라서 서벌턴 상생의 관점에서 가해자 엄벌보다는 예방 및 재발 방지 차원에서의 아동학대 방지 대책이 수립되어야 한다고 본다.

왜 피해자 지원이 아닌 가해자 지원이냐고 의문을 제기하는 목소리가 있을 수 있지만, 그것은 피해자를 아무리 지원해도 가해자

력에서 소외된 다양한 소수집단, 계층을 포괄하는 개념으로 쓰이게 되었다. 본 연구에서는 그 범위를 보다 넓게 잡아, 빈곤층, 노인, 성 소수자, 장애인, 외국인, 아동학대 피해자 등 사회적 약자와 소수집단 전반을 포괄하는 비고정적, 상대적인 광의의 개념으로 넓게 사용한다. 금영진(2020) 「한일 일용직 노동자 주거 공간에서의 사건 사고를 통해 본 주거 빈곤 서벌턴 문제와 그 대책」, 『일본연구』 85, 한국외국어대학교 일본연구소, pp.45-67 및 금영진(2020) 「일본 고전 속의 역병과 미신, 그리고 가짜뉴스 - 질병과 공동체로 본 일본사회 서벌턴 - 」 『일어일문학연구』 115, 한국일어일문학회, pp.21-41.

를 줄이지 않는 한 피해자가 줄지 않기 때문이다. 이는 마치 강 하류를 아무리 정화해도 상류를 정화하지 않는 한 하류는 곧 더러워지고 마는 것과 같은 이치이다. 2018년 3월에 발생한 도쿄토(東京都) 메구로쿠(目黒区) 여아 학대 사망사건[14]의 피해자인 후나토 유아(船戸結愛, 당시 5세)양은 아동학대 신고로 두 차례나 아동상담소에 일시 보호되지만 결국에는 가해자인 계부와 가정 폭력 피해자이자 공범인 친모가 있는 가정으로 되돌려 보내졌다. 폭력적인 남편에게서 몇 시간이고 설교를 들으며 세뇌되고 마는 가스라이팅(Gas lighting), 즉 심리적 학대로 인해 정신적으로 지배당하고 있던 친모는 본의 아니게 학대의 공범이 될 수밖에 없었는데, 그녀가 1심 재판 후 기자들에게 호소한 것 역시 가해자 지원의 필요성이었다. 즉, 아이의 목숨을 구하기 위해서는 먼저 가해자에게 손을 내미는 것이 가장 빠른 길이라는 것이다.[15] 아동학대 피해자 10명 중 8명이 다시 가해자가 있는 집으로 되돌아가야 하는 현실은 이 말의 의미를 잘 말해준다.[16]

14　계부는 훈육이라는 명목하에 구타 이외에도 여아를 맨발인 채로 베란다로 내보내 동상을 입히거나 샤워기로 얼굴에 물 뿌리기, 하루 한 끼 먹는 다이어트를 강요하였다고 한다. 朝日新聞、2018.3.4.「水シャワーかけ殴った。日常的に虐待か 5歳女児死亡」
https://www.asahi.com/articles/ASL3456BNL34UTIL013.html(検索日: 2021.5.16)

15　虐待で命を落とした船戸結愛(ゆあ)ちゃん(当時５)の母親、優里(ゆり)被告が昨年９月の一審判決後に記者とやりとりする中で、何度も強調したことがある。それが加害親への支援の必要性だ。子どもの命を救うには「加害者に手を差し伸べることが一番の近道」と訴える優里被告。朝日新聞、2020.3.25.、「(現場へ！)目黒児童虐待死事件: 3加害者にも、手を差し伸べて」、
https://www.asahi.com/articles/DA3S14416582.html(検索日: 2021.5.16)

16　"피해 아동의 대다수는 기존 가정으로 복귀됐고 재학대 사례는 매년 늘었다. 2019년 기준 피해 아동 상황에 따르면 전체 피해 아동의 83.9%(2만5206명)가

그리고 필자는 여기에서 아동학대 예방을 위한 일본시민단체의 프로젝트 '제로 회의(ゼロ会議)'[17]의 위험군 부모지원방식에 주목하게 되었다. 제로 회의는 2018년도의 아동학대 사망자 수가 8명으로 일본 전국 1위라는 불명예를 안게 된 오사카후 지역의 2021년도 아동학대 사망자 수를 '제로(0)'로 하는 것을 목표로 만들어진 시민단체이다. 우리 중 누구라도 가정 폭력이나 아동학대를 저지를 수 있는 잠재적 가해자라는 관점에서 임계상황에 직면한 취약 위험군 부모들의 이야기를 들어 주는 지원활동을 통하여 아동학대 발생의 여지를 줄임과 동시에 함께 해법을 모색한다는 취지이다.

훈육과 아동학대의 경계선을 오가며 위험한 줄타기를 하고 있는 부모들의 이야기를 우선은 진지하게 들어 주어 신뢰 관계를 쌓는 접근 방식은 일방적으로 듣기만을 강요하는 훈계와 교정 목적의 수강명령 방식보다는 훨씬 효과적이라고 본다. 굳이 비유하자면, 제로 회의 방식은 경찰의 인질 사건 위기 대응 협상팀과 같은 접근 방식이다. 사태의 악화를 막기 위해서는 흥분한 범인을 우선 진정시켜야 하는데, 이때 중요한 것이 범인이 자신이 하고 싶은 말을 다하도록 해 주고 진지하게 들으며 이해를 표하는 것이다. 그리고 이러한 경청과 공감은 말하는 이에게는 크나큰 '치유'가 된다.[18]

원가정으로 복귀해 보호됐다. 12.2%(3,669명)는 분리 조치, 3.3%(989명)는 분리 조치 됐다가 다시 가정으로 복귀했다." 주간조선, 2021.2.1, 「학대 아동 84% 다시 집으로… 아동학대 통계의 경고」
http://weekly.chosun.com/client/news/viw.asp?ctcd=C02&nNewsNumb=002644100008(검색일: 2021.5.16)

17 ゼロ会議、2016、https://www.ikuhaku.com/zero/(検索日: 2021.5.16)
18 "현재는 교육보다 개별상담으로 진행되고 있어요. 내면의 감정을 털어내고 그

반면 가해자를 훈계하고 고치려는 식의 '들어라' 방식은 자칫 역효과만 날 뿐으로 실제, 가해자들은 교육에 대한 반발심이 강하며, 교육을 거부하거나 끝까지 이수하지 못하는 경우가 적지 않다.[19] 따라서 훈계를 통해 가해자를 당장 바꾸려 할 것이 아니라, 가해자의 이야기를 우선은 충분히 들어 주고 분노 조절 장애 및 폭력성 중독 문제를 극복할 수 있도록 유관 공공 서비스 기관과 연결해 줌으로써 심각한 아동학대의 발생 또는 재발을 방지할 필요가 있다.

학대 위험군 부모의 지원은 잘만 하면 피해자와 가해자 양쪽 모두의 불행을 동시에 막을 수 있으며 과거의 아동학대 피해자였던 부모와 현재의 아동학대 피해자인 아동 양쪽 모두의 상생을 가능케 한다. 이에 이 글에서는, 서벌턴 상생의 관점에서 일본 민간에서

것을 말할 수 있게 만들어주는 것이 더 중요하다고 생각해요. 어느 누구도 자신의 말은 들어주지 않고 폭행에만 초점을 맞추어 얘기를 하니까 억울함을 많이 느끼는 경우가 있어요. 본인의 속사정을 말할 곳이 없었는데 얘기하고 나니까 속이 시원하다고 말하는 사람도 있어요. 상담을 통해서 행위자를 먼저 다독인 뒤 양육기술에 대한 코칭을 진행하면 학대를 인식하고 그렇게 하지 말아야겠다고 다짐하게 되거든요." 김혜정, 앞의 책, p.45. 또, 김 만권 씨는 2021년 4월 26일 자 동아일보 칼럼 「내가 만난 명문장 – 내 말을 들어 주는 사람 –」에서, 한 병철 『타자의 추방』에 나오는 "경청은 치유할 수 있다. 공동체는 경청하는 집단이다."라는 문장을 언급하며, 내 말을 들어주는 이가 있다는 사실만으로도 우리는 치유된다고 언급한 바 있다.

19 가정 폭력으로 인해 수강명령을 받게 된 가해자들은, 수강명령 때문에 해당 기간 생업에 지장이 초래된다는 점과 사회적 낙인에 대한 두려움, 피해자 때문에 자신이 처벌을 받게 되었다는 억울한 감정과 증오심으로 인해 교육에 반감을 보이는 경우가 많으며, 추가 처벌이나 불이익을 피하려 겉으로만 갱생이 된 것처럼 행동하는 견본 생활(Show-window) 양태를 보이기도 한다. 김진숙 외(2016) 「수강명령을 받은 가정 폭력 가해자들의 폭력 경험에 대한 질적 사례 연구」『한국 공안 행정 학회보』 제64호, pp.263-273.

의 아동학대의 위험성이 있는 부모에 대한 가해자 지원대책을 참고로, 이를 통한 우리나라에서의 가해자 지원대책의 보완 및 개선을 제안하고자 한다.

2. 제로 회의의 지원방식

학대 가해자들은 자신에게 문제가 있다는 사실을 인식하지 못할 뿐더러 분노 조절 능력을 이미 상실했거나 폭력성에 중독된 경우가 많기에 엄한 처벌이나 수강명령만으로는 근본적인 문제 해결이 안 된다고 본다. 많은 경우, 아동학대 가해자들은 자신을 정당화하고 남 탓을 하는 경우가 많은데 이는 아동 시기 피학대 경험이 있는 가해자의 가슴 속에, 자신이 이렇게 된 건 모두 부모 탓이라는 원망과 분노, 그리고 억울함이 치유되지 않았기 때문이다. 그리고 그들은 대개 분노 조절 장애인 경우가 많다.

예를 들어, 2019년 9월 26일 발생한 인천 계부 아동학대 사망사건의 경우, 계부(당시 27세)는 5세 남아의 손발을 뒤로 묶고 목검으로 100대 이상 때려 사망에 이르게 하였다. 2017년에 해당 남아(당시 3세)를 학대하여 징역 1년에 집행유예 3년을 선고받았던 계부는 2019년 8월 30일에 피해 아동을 보호시설에서 다시 집으로 데려와 학대하였고 결국 사망에 이르게 하고 만 것이다.

문제는 미필적 고의, 즉 5세 아이가 100대 이상을 맞으면 죽을 수도 있다는 이성적인 판단을 왜 가해자가 하지 않았을까 하는 점이다. 피해 아동이 자신을 무시했다는 것이 학대의 이유였는데, 25시간에 걸친 학대 시간은 가해자가 분노 조절 장애였음을 말해준다.[20] 사실, 가해자는 사건 발생 두 달 전부터 아동보호전문기관에서 대면 상담을 12회나 했고 7차례에 걸쳐 부모교육도 받았다.[21] 하지만 이 같은 '들어라' 방식은 듣는 사람이 한 귀로 흘려 버리면 그만인 것이다.

알고 보니, 2003년 당시 10살이었던 가해자(계부) 역시 IMF 사태의 여파로 이혼한 편부 가정에서 아버지에게 맞으며 어린 시절을 보냈음이 밝혀졌다.[22] 가해자는 어린 시절 아동학대를 당하면서 분노 조절 장애 및 폭력에 대한 내성이 생겼고, 피해 아동을 학대하는 과정에서 폭력성이 더욱 강화되고 만 것이다.

그렇다면 이러한 아동학대 가해 부모 지원을 위해서는 어떤 방식으로 접근하는 것이 좋을까?

필자는 일본 민간 시민단체 프로젝트 '제로 회의(ゼロ会議)'의 지원 방식에 주목하였다. 제로 회의는 2018년도에 8명으로 일본 전국 1위의 불명예를 안고 있는 오사카후(大阪府)의 아동학대 사망자 수를 2021년까지 제로로 만들기 위한 오사카후 지역의 35개 단체가 참여하는 민간 시민단체 프로젝트이다.[23] 아동학대는 대개 부부간의

---

20 한국일보, 2021.3.20, 「'죽음의 매' 된 '훈육의 매'… 어쩌다 부모는 악마가 되었나」, https://www.hankookilbo.com/News/Read/A2021031014590005130?did=DA (검색일: 2021.5.16)

21 중앙일보, 2020.7.15., 「5살에 목검 휘두른 계부…숨진 아이 동생 "엄마·아빠는 괴물"」 https://www.joongang.co.kr/article/23824866(검색일: 2021.5.16)

22 중앙일보, 2020.5.23, 「'5살 살해' 계부의 학대 대물림…둘째 아들 일기엔 "괴물 아빠"」 https://www.joongang.co.kr/article/23783882(검색일: 2021.5.16)

가정불화나 육아 스트레스의 임계점에 도달한 부모가 외부 도움의 손길로부터 고립된 상태에서 저지르기 쉽다는 점에 주목한 것으로 이는 시의적절하다고 여겨진다.

즉, 제로 회의 방식은 종래의 수강명령이나 상담원 제도에서 보는, 훈계하는 이야기를 '들어라'가 아닌, 가해자의 내면 이야기를 진지하게 '들어 주는' 공감 방식이라는 점이 우선 다르다. 또, 가해자의 아동학대는 본인의 스트레스와도 밀접한 관계가 있으며 분노조절장애나 학대 행위의 반복 과정에서 점차 그 강도가 걷잡을 수 없이 심해지기에 가해자의 스트레스가 임계점에 도달하기 전에 이를 조금이라도 완화할 필요가 있다.

그리고 이때 가해자의 이야기를 들어주는 것은 압력밥솥의 김을 빼는 것과 같은 효과가 있다. 속상한 일이 있을 때 누군가에게 푸념과 하소연을 하다 보면 어느 정도 마음이 풀리는 것과 같은 이치이다. 호쿠세이 가구엔 대학(北星学園大学) 명예교수 아이바 사치코(相場幸子) 씨는 모자 상담실 '미미즈쿠(부엉이)'를 운영하면서 1대 1 카운슬링과는 별도로, 비슷한 처지에 놓인 부모들이 자녀 양육과정에서 겪었던 어려움을 서로 토로하는 그룹형 카운슬링(자조 모임) 방식

---

23 제로 회의 보고에 의하면, 오사카후 아동학대 사망자 수는 2016년 8명, 2017년 7명, 2018년 8명, 2019년 5명, 2020년 2명이다. 한편, 오사카후는 2021년 3월 11일 시점에서 올해까지 7년 연속으로 일본 전국에서 아동학대 신고 건수가 가장 많은 지역이기도 하다. 작년 한 해 동안 총 1만 2,294건의 신고가 있었는데, 그 중 7,136건이 아동학대로 인정되었으며, 107건의 아동학대 사범 검거가 있었다. ABCニュース関西ニュース, 2021.3.11, 「大阪府7年連続全国ワースト　児童虐待の通報件数　7割以上が「心理的虐待」」
https://www.asahi.co.jp/webnews/pages/abc_9885.html(検索日: 2021.5.16)

의 효과에 대해 언급한 바 있다.

그러면 구체적으로 제로 회의에서는 어떤 방식을 취하는지 살펴보자. 먼저 1단계로, 우선은 이야기를 들어 줌으로써 육아나 아동학대 문제로 고민하는 부모와 어느 정도 친밀한 신뢰 관계를 쌓는 것을 목표로 한다. 이는 고립된 상태에서 부모가 아동학대 가해로 치닫는 것을 차단하기 위한 최소한의 SOS 외부 연결망의 확보를 의미한다. 그리고 2단계로는 문제 해결을 위해 도움받을 수 있는 공공 서비스나 정보를 제공한다. 끝으로 3단계에는 문제가 해결될 때까지 계속 상대방과 함께 붙어 다녀 준다. 왜냐하면 혼자서 문제를 해결하려다 보면 여러 가지 문제에 부닥쳐 중도에 포기하고 마는 경우가 많기 때문이다.

다만 제로 회의 방식에서 주의할 점은, 이야기를 들어주는 사람이 상대방의 잘못된 생각을 바로잡으려 훈계하거나 바꾸려 하는 순간 이 방식은 실패하고 만다는 것이다. '들어 줄 테니 말해라!'에서 '말할 테니 들어라!'로 바뀌는 순간이 그러하다. 자신의 과거 양육 경험에 비추어 젊은 부모를 훈계하려는 노년 세대의 상담원이 가장 많이 저지르는 실수이다. 제로 회의에서는 취약 부모 및 고위험 부모의 이야기를 들어 줄 사람으로 자원봉사자를 모집하고 있지만, 이는 자원봉사자의 수준이 천차만별인 관계로 그리 바람직하지는 않다고 본다.

가정 내 문제의 해결과 변화를 추구하는 일반 부모와는 달리, 취약 부모 및 고위험 부모는 나쁜 현상의 유지 내지는 체념 상태인 경우가 많기에 언제든 아동학대를 저지를 수 있으며, 따라서 이들에

138

게는 전문가의 도움이 필요하다. 아동학대 재범률은 대개 10% 내외이지만,[24] 아동학대 전력이 있거나 폭력 성향이 강한 고위험 부모는 재학대 발생 시 끔찍한 결과를 초래할 수 있기에 전문적인 상담자가 따로 대응할 필요가 있는 것이다.

그리고 이러한 검증된 전문적인 상담자의 활용이 높은 인건비 등으로 인해 여의치 않은 상황에서, 아동학대 가해 경험이 있는 부모 중에서 동료지원 활동가를 선발, 육성하는 것도 한 방법일 것이다. 예를 들어, 최근 우리나라에서는 자살 유가족 중에서 교육을 이수한 사람을 동료지원 활동가로 선정하여 유가족 케어를 담당하게 하고 있다. 이는 동료지원 활동가야말로 유가족의 심리상태나 아픔을 그 누구보다 잘 아는 동병상련의 경험자이기 때문이다.

아동학대 가해자가 다른 가해자의 이야기를 들어 준다는 것이 이상하게 들릴 수도 있지만, 아동학대 가해자의 심리를 가장 잘 아는 것은 역시 아동학대의 경험이 있는 사람일 것이다. 이는 전과자의 갱생에 있어서 판검사나 변호사의 말보다는, 전과자였는데 갱생에 성공한 사람의 말이 훨씬 설득력이 있는 것과도 같은 이치이다.

일본의 인재 육성 및 갱생 프로젝트 기업가 가토 슈시(加藤秀視) 씨

---

24 한국의 경우 2019년에 접수된 아동학대 건수 3만 45건 중 가정에서 발생한 아동학대는 2만 3,883건이다. 그중 83.9%는 원래 가정에서 계속 생활했고, 나머지 3.3%는 임시 보호되었다가 다시 가정에 복귀하였다. 그리고 학대 피해 아동이 다시 학대를 받은 재학대가 3,431건으로 재범률은 11.4%이다. 재학대 가해자의 94.5%는 부모이다. 황보 승희, 2021.3.9., [보도자료] 황보승희 의원, 아동학대 등 범죄피해자 보호법 개정, https://blog.naver.com/ven76/222269350102(검색일: 2021.5.16)

는 그 좋은 예이다. 가토 씨는 술만 먹으면 행패를 부리는 아버지로
부터 어린 시절 아동학대를 당했고 그래서 보육원에서 성장했다.
학창 시절에는 폭주족이 되어 갖은 비행을 저지르며 소년원을 드
나들었고 아버지처럼 되지 않는 것이 꿈이었다는[25] 자신의 말과는
반대로, 그는 자기도 모르는 사이에 어느새 자신이 그토록 미워했
던 아버지를 닮아가고 있었다.

가토 씨가 변한 계기는 20세 무렵 유치장에서 본 자기 아버지 또
래의 50대 남성을 통해 자신과 동료들의 미래를 봤기 때문이라고
한다. 자신이 그토록 닮고 싶지 않았던 아버지의 모습을 자기도 모
르는 사이에 어느새 닮아가고 있다는 사실을 깨달은 것이다.

이에 가토 씨는 자신을 따르는 동료들과 건설 노무 회사를 설립
하여 새길을 걸었고, 지금은 자신을 바꾸려는 사람들의 희망이 되
고 있다. 가토 씨를 바꾼 것은 유치장 밖의 경찰이나 판검사, 성직
자가 아니라 유치장에 함께 갇힌 자신의 충격적인 30년 뒤 모습을
비춰 준 같은 처지의 사람이었던 것이다.

다만 가토 씨의 경우는 특수한 케이스로, 보통의 경우 가토 씨처
럼 바뀌기란 여간해서는 쉽지 않다. 따라서 동료지원 활동가가 가
해자의 이야기를 들어주고 함께 해결 방법을 모색하는 것도 분명
효과적이겠지만 그것만으로는 부족하다고 본다. 보다 실질적이고
도 구체적인 지원이 필요한 것이다.

---

25 加藤秀視(2008) 『「親のようにならない」が夢だった』, ダイヤモンド社, pp.1-243.

3. 대안 및 서벌턴 상생의 가능성

일반 부모에 대한 지원은 이야기를 들어 주는 것만으로도 아동
학대 예방에 효과가 있을 것으로 생각한다. 하지만 취약 부모 내지
는 아동학대 전력이 있는 고위험 부모의 경우, 이것만으로는 부족
하다. 특히 30세 미만의 부모가 아동학대 사망사건을 일으키는 경
우가 전체의 절반이 넘는다는 사실을 감안하면,[26] 아동학대 신고가
1회 이상 접수된 30세 미만의 취약 부모 내지는 고위험 부모에 대
한 핀셋 지원이 필요하다고 본다. 필자는 그 구체적인 방안으로 '외
출(햇빛·바람쐬기)', '청소', '수면' 지원을 제안한다.

첫 번째는 '외출(햇빛·바람쐬기)' 지원이다. 가정 폭력 또는 아동학
대 가해자의 경우, 대개 부부 사이가 나쁘거나 한 부모 가정처럼 취
약 부모인 경우가 많으며 경제적으로도 곤궁한 경우가 많다. 한국
의 경우, 아동학대 가해자가 친부인 경우, 약 절반은 무직이거나 일
용직 노동자이다.[27] 그리고 한국에서 그러한 경제 빈곤층이 주로
거주하는 곳은 영화『기생충』에서 보았듯이 한낮에도 방에 햇빛이

---

26 2019년도 아동학대 사망사례의 학대 행위자의 연령을 보면 10대 5.7%, 20대
47.2%로 절반이 넘는다. 여기에 30대 30.2%를 더하면 아동학대 사망사건의
가해자 10명 중 8명은 소위 젊은 부모이다. 2019 아동학대 주요 통계 앞의 책,
p.75

27 "직군이 명확하지 않은 경우를 제외하면 2012~2017년 평균이 33%, 학대 가해
자의 3분의 1은 무직자였다는 이야기입니다. 2위인 단순 노무직과 비교해도 두
배나 됐습니다. 학대 가해자의 절반가량이 직업이 아예 없거나 저임금 군으로
꼽히는 단순 노무직인 셈인데, 도윤이의 사례에서 보듯 빈곤이나 경제적 어려
움 등이 학대로 이어질 가능성이 크다는 게 증명되는 결과입니다." [아동학대
7년의 기록]③ 태어나자마자 '학대'부터…데이터가 말하는 가해자의 민낯은?

잘 들지 않거나 통풍이 안 되는 반지하 방과 같은 열악한 주거 환경
일 경우가 많다.[28] 즉 일상생활에서 햇빛과 신선한 공기를 충분히
공급받지 못하는 것이다. 제로 회의에서는 아동학대를 없애기 위
해 가장 필요한 것이 무엇인지를 묻는 설문조사를 실시했는데, 가
장 많았던 답변이 '이야기를 들어 주며 공감'해 주는 것이었고
(61%), 두 번째가 '외출(26%)' 즉, 집 밖으로의 탈출이었다는 사실을
상기할 필요가 있다.

아동학대가 발생한 많은 가정에서는 친부의 가정 폭력과 경제적
무능을 견디다 못한 친모의 가출, 그리고 자녀에 대한 학대와 방임,
자녀 간의 형제 학대와 학교 폭력, 그리고 피해 아동의 가출이 연쇄
적으로 일어난다. 그리고 이는 가족 구성원 모두에게 있어 집이 편
안한 안식과 위안의 공간이 아닌 숨 막히는 스트레스와 분노의 공
간이었음을 의미한다. 그리고 이때, 양육자가 아동을 집에 방치하
고 집 밖을 전전하는 방임이 흔히 발생하는데 이 역시 심각한 아동
학대이다. 2019년 11월 26일 고베(神戸)에서 발생한 3개월 영아 방
치 사망사건도 그러한 경우이다. 사건 당시, 부모는 5살, 3살, 1살,
3개월의 아동 4명을 쓰레기투성이인 6조 다다미 원룸 집에 방치한
채 집을 나와 7시간 이상 파친코를 했던 것으로 밝혀졌다.[29]

---

28 "비좁은 단칸방에 난방은 되지 않았고 좁은 방과 부엌은 정리가 안 되어 매우 지
    저분하였다. 부는 건강이 악화되고 돌봐주는 사람이 없어 방치되어 있었다."
    서울특별시 동부 아동학대 예방센터(2001)『아동학대 사례 연구집』, 서울특별
    시 아동학대 예방센터, p.207.
29 朝日新聞、2020.1.23.、「乳幼児4人を放置した疑い、夫婦を逮捕0歳男児は死亡」
    https://www.asahi.com/articles/ASN1R5FXKN1RPIHB01P.html(検索日:
    2021.5.16)

흔히들 아동학대 피해자를 먼저 구출해야 한다고 말하지만, 장기적인 관점에서 보았을 때 그 공간에서 먼저 구출해야 할 사람은 오히려 아동학대 가해자이다. 왜냐하면 기껏 구출한 피해 아동 10명 중 8명은 바로 그 학대와 방임의 공간으로 결국 되돌아가야 하기 때문이다. 그리고 그 공간에는 폭력성과 자기 방임이 더욱 심각해진 가해 부모가 있다. 따라서 학대 피해의 위기에 직면한 아동을 '구출'하기 위해서는, 역설적이지만 아동학대 가해의 위기에 직면한 부모부터 그 공간에서 먼저 정기적으로 '탈출'시킬 필요가 있다.

최근 일본에서의 코로나 가정 폭력 문제는 그러한 필요성을 여실히 보여준다. 2020년 11월까지의 일본에서의 가정 폭력 상담 건수가 2019년의 11만 9,276건에 비해 1만 3,000건 이상 늘어난 13만 2,355건이라는 사실과 더불어 특히 5월과 6월에 코로나 가정 폭력 신고가 많았다는 사실은 코로나 재택근무로 장시간 집에 갇혀 지내게 된 가족 구성원들이 그만큼 스트레스에 많이 노출되고 있었음을 의미한다.[30] 아울러 가정 폭력 신고 상담자의 약 6할이 미성년

---

30 2020年度のドメスティックバイオレンス(DV)の相談件数が昨年11月までの総数で13万2355件に上り、過去最多となったことが12日、内閣府の調査で分かった。新型コロナウイルス感染拡大に伴う外出自粛が影響。19年度を早くも1万3千件上回り、今後膨らむ事態が懸念される。全国の配偶者暴力相談支援センターや、内閣府が20年4月から始めた24時間態勢で電話やメールを受け付ける「DV相談プラス」に寄せられた相談を集計。20年4~11月は毎月1万5千件を超えた。特に5月と6月が多かった。内閣府の担当者は「自宅で過ごす時間が長くなり、ストレスや生活不安を抱えて暴力に至る事例が増えている」と分析。内閣府は19年度のDV相談件数も公表した。全国で11万9276件。都道府県別に見ると東京が1万9868件で最も多く、千葉8638件、兵庫8328件が続いた。日本経済新聞、2021.1.12.、「20年度のDV相談、最多の13万件超 コロナ外出自粛で」、
https://www.nikkei.com/article/DGXZQODG125JZ0S1A110C2000000/(検索日: 2021.5.16)

자녀와 동거 중이라는 사실은, 친부가 친모에게 폭력을 휘두르는 모습을 자녀가 목격하는 면전DV(面前DV, 또는 面前虐待)가 발생했을 개연성 또한 크다는 것을 의미한다.[31] 그리고 면전DV 역시 엄연한 아동학대이다.

구체적인 외출 지원 방법은 다음과 같다. 한 달에 1회 이상 비슷한 처지의 부모들이 참여하는 야외 스포츠 활동이나 취미 활동, 또는 당일치기 관광버스 여행(갯벌 체험 또는 과일 따기 농가 체험)에 참여할 수 있도록 구청이나 읍면 등에서 지원을 해 주는 것이다. 참가자에게 육아용품이나 지역화폐, 육아 지원 쿠폰 등을 제공하면 참가율도 올라갈 것이다. 코로나로 인해 당장은 힘들겠지만 당분간 소규모 모임부터 시작하는 것도 한 방법이다. 동참하는 소규모 모임 구성원은 평소 이야기를 들어 주었던 동료지원 활동가 또는, 같은 상담 그룹의 비슷한 처지의 부모들이다. 이때, 부부가 같이, 혹은 따로 외출할 수 있도록 자원봉사자들이 아동을 한나절 맡아 줄 수도 있다. 부모를 집과 육아, 가사노동으로부터 잠시나마 탈출시키는 것이다.

그리고 이렇게 부모가 집으로부터 탈출하여 햇빛과 바람을 쐬면서 정기적으로 편안한 심리상태를 유지하는 것은 아동학대 발생 방지에도 보탬이 될 것으로 기대된다. 그리고 이러한 행사 속에서 자연스럽게 이야기를 들어주는 것이 가능해진다. 초기에는 경찰에

---

31 未成年の子どもと同居している相談者は3万7044人。家庭の状況を調べると、子に対して虐待があるとみられたのは、そのうち2万2337人で6割を占めた。DVがある家庭では児童虐待も起きている事例が多いことが明らかになった。日本経済新聞、2021.1.12.

아동학대 신고가 1회 이상 접수된 30세 이하의 젊은 부모, 즉 취약 부모 및 고위험 부모를 우선 대상으로 하여 구청이나 읍면 단위로 실시하지만, 점차 그 대상과 범위를 확대할 수 있다.

두 번째로는 '청소' 지원이다. 주거 환경이 인간의 마인드를 얼마든지 긍정적으로도 부정적으로도 바꿀 수 있음은 익히 알려진 바와 같다. 방의 정리 정돈 상태가 곧 그 사람의 현재의 마음 상태를 나타낸다는 말은 결코 틀린 말이 아니다. 하지만 배우자와의 불화나 경제적 곤궁, 육아 스트레스와 우울감이 지속되면 청소를 제때 하지 못하는 자기 방임 상태에 빠지기 쉽다. 쓰레기로 뒤덮인 집, 즉 '고미 야시키(ゴミ屋敷)'는 자기 방임의 대표적인 경우이다. 피해 아동의 가정을 방문하는 상담원들은 햇빛과 통풍이 차단된 지저분한 주거 환경을 심심찮게 목격하곤 한다.[32] 고베(神戸) 영아 방치 사망사건의 경우도 마찬가지로, 당시 6조 다다미(6명이 겨우 누울 수 있는 면적) 한 개짜리 원룸에 4명의 아동을 포함한 총 6명이 기거하고 있었으며 집안은 그야말로 고미 야시키 상태였다. 그리고 이러한 고미 야시키에 아동을 방치하는 것 자체가 심각한 아동학대임은 두말할 나위 없다.

또, 부부의 불화로 한쪽이 가출하거나 이혼으로 독박육아에 시달리다 보면 집안이 엉망이 되는 건 시간문제이다. 그리고 이는 방을 어지르는 것이 너무나도 당연한 아동들의 행위가 아동학대의 엉뚱한 이유가 되기도 한다. 방임 상태에 놓인 아동들은 자신들이

---

32 서울특별시 동부 아동학대 예방센터, 앞의 책, p.207

알아서 음식을 챙겨 먹고는 치우지 않고 방치하는 것이 습관이 되기 쉽다. 그리고 이때, 양육자가 일을 마치고 지쳐서 돌아왔는데 집안이 엉망일 경우 집안을 어질러 놓은 아이들은 양육자의 짜증과 화풀이의 대상이 되고 마는 것이다.

따라서 한 달에 한 번이라도 집안 대청소를 자원봉사자들이 해 주는 지원대책을 강구할 필요가 있다. 왜냐하면 일정 단계를 넘어선 지저분한 방은 청소할 의지 자체를 아예 꺾어 버리기 때문이다. 스스로 청소하여 주거 환경이 정신을 갉아먹지 못하도록 해 줄 필요가 있다. '외출(햇빛·바람쐬기)' 지원 당일, 가족들이 외출했을 때 자원봉사자들이 집안 대청소를 해 주면 더욱 효과적일 것이다. 차츰 본인들도 참여하는 형태로 집안 대청소를 주기적으로 하게 되면 나중에는 스스로 알아서 청소를 할 수 있을 것이다.

세 번째로는 '수면' 지원이다. 아동학대 위험 가정(취약 부모 및 고위험 부모)의 경우, 출산 후 1년 정도 영아를 야간에도 보육해 주는 지원대책도 생각해 볼 필요가 있다. 아동학대 사망사건 중에는 아이가 잠을 안 자고 보채거나 울어대는 것에 예민해진 부모가 이성을 잃고 아이를 학대하는 경우가 많다.

정인이 법이 시행된 지 한 달도 채 되지 않은 2021년 4월 13일에 인천의 한 모텔에서 발생한 2개월 여아 학대 사건도 영아가 잠을 자지 않고 자꾸 우는 것에 화가 난 친부(26세)가 영아를 탁자에 집어 던져 발생한 사건이었다. 당시 친모는 사기 혐의로 구속상태였고 월세 집에서 쫓겨난 20대 친부가 두 명의 어린 자녀들을 어두침침한 모텔에서 홀로 돌보는 상황이었다. 뇌출혈과 심정지 상태로 119

에 구조된 영아가 의식이 돌아온 것은 그나마 다행이지만, 울음소리에 수면을 제대로 취하지 못한 친부가 우는 영아에게 아동학대를 저지르고 만 것은 예정된 비극이었던 것이다.[33]

지하철에서 계속 울어대는 아기를 달래는 엄마에게 쏟아지는 짜증 섞인 눈총을 비판할 수 있는 것은 우리가 충분한 수면으로 이성적인 판단이 가능한 때에 한한다. 몇 날 며칠이고 아기 울음소리에 잠을 제대로 자지 못한 친부(가해자)처럼 수면 부족 상태가 되면 우리 역시 그 누구라도 아기 엄마에게 짜증 섞인 눈총을 보내는 대열에 기꺼이 합류하게 된다. 그리고 그러한 상태가 지속되게 되면 친부가 영아를 내던지는 것과 같은 아동학대가 발생하게 되는 것이다.

4. 맺음말

정인이 법이 시행된 지 100일도 채 되기 전인 지난 2021년 6월 22일, 경남 남해의 한 중학교 1학년 여중생이 계모의 아동학대로 또 숨졌다. 현장 체험학습 전날이었다. 서현 양이 소풍 당일 아동학대로 숨지고 나서도 정인이가 죽고 나서도 달라진 것은 없었다.

가정 폭력이나 아동학대의 피해자를 위해 우리나라에서는 쉼터

---

33 연합뉴스, 2021.4.15, 「인천 뇌출혈 2개월 여아…위기가정 보호망 빈틈」
https://www.yna.co.kr/view/AKR20210415090500065?input=1179m(검색
일: 2021.6.23)

를, 일본에서는 아동상담소를 각각 운영해왔다. 가해자에 대한 형량도 계속 올려 처벌도 강화하였다. 하지만 가해자의 엄벌 및 피해자의 보호에만 치중해 온 종래의 대책은 결국 아동학대 문제의 근본적인 해결책이 되지 못했다. 한일 양국의 쉼터나 아동상담소가 이미 포화 상태라는 사실은 아동학대가 줄기는커녕 지금도 끊임없이 발생하고 있다는 증거인 것이다.

아동학대 문제의 근본적인 해결책은 역시 가해자의 발생을 줄이는 데 있다. 일본인들은 피해자 보호를 위한 '아동상담소'를 아무리 만들어도 아동학대가 근절되지 않는다는 사실을 깨달았고 이제는 가해자 지원을 위한 '부모 상담소'가 필요하다는 사실을 직시하게 되었다. 그리고 그런 의미에서 보자면 '제로 회의'는 일본 민간이 주도하는 '부모 상담소'인 셈이다.

가해자가 분노 조절 장애와 중독된 폭력성을 극복하고 학대의 대물림을 끊어내는 것은 결코 쉬운 일이 아니다. 사람을 바꾸고 갱생하는 일 역시 마찬가지이다. 다만 가해자가 더 심각한 가해행위로 에스컬레이터 하기 전에 이를 초기에 차단할 수 있는 최소한의 안전망은 확보해야 한다고 본다. 가해자의 이야기 들어주기나, 외출, 청소, 수면 등의 지원은 말하자면 '스트레스의 저감'에 효과적인 한 방법인 것이다.

혹자는 왜 피해자 지원보다 가해자 지원에 힘을 쏟냐고 물을지 모르지만, 이유는 간단하다. 가해자가 줄어야 피해자도 줄기 때문이다. 또, 우리 주변에는 아동학대로부터 다행히 목숨을 부지한 살아남은 정인이가 분명 있을 것이며 그들은 장차 얼마든지 피해자에서 가해자로 바뀔 수 있다.

살아남은 또 다른 정인이나 친부가 탁자에 집어 던져 죽다 살아난 여아가 장차 아동학대 가해자가 된다면 그때도 우리는 가해자로 변신한 과거의 피해자들을 엄벌해야 한다고 목소리를 높일지 자문해 볼 일이다. 우리가 아무리 가해자를 엄하게 처벌하고 피해자를 보호한다 해도 가해자 지원대책을 제대로 수립하지 않는 한 아동학대는 줄지 않을 것이다. '가해자 엄벌'이 아닌 '가해자 지원'이야말로 아동학대 문제 해결의 첫 단추인 셈이다. 가해자 지원이 곧 피해자 지원이다.

付記 : 2021년까지 오사카후의 아동학대 사망자 제로를 목표로 한 제로회의 봉사자들의 노력에도 불구하고 결국 2021년에 또 1명의 아동학대 사망자가 나오고 말았다. 하지만, 2016년 8명, 2017년 7명, 2018년 8명으로 일본 전국에서 가장 아동학대 사망자가 많은 지역이라는 불명예는 제로회의 봉사자들의 그간의 노력으로 어느 정도 씻게 되었다. (2019년 5명, 2020년 2명, 2021년 1명)

제로회의의 그간의 노력에 경의를 표하며 우리나라에서도 앞으로는 제로회의와 같은 실질적인 아동학대 방지 시민운동이 전개되기를 바라 마지 않는다. 아동학대 사망자 제로라는 공동의 목표 달성을 통한 동아시아 모든 서벌턴의 상생과 공생을 염원하며...

| 참고문헌 |

곽금주(2014)『마음에 박힌 못 하나 곽금주 교수와 함께 푸는 내 안의 콤플렉스 이야기』, 쌤앤파커스.

금영진(2020)「한일 일용직 노동자 주거공간에서의 사건 사고를 통해 본 주거 빈 곤 서벌턴 문제와 그 대책」,『일본연구』85, 한국외국어대학교 일본연구소.

_____(2020)「일본 고전 속의 역병과 미신, 그리고 가짜뉴스－질병과 공동체로 본 일본 사회 서벌턴－」『일어일문학연구』115, 한국일어일문학회.

김진숙 외(2016)「수강명령을 받은 가정 폭력 가해자들의 폭력 경험에 대한 질적 사례 연구」,『한국 공안행정학회보』제64호.

김혜정・조한나『연구보고서 2015-8 아동학대 예방 및 재학대 방지를 위한 상 담・교육 프로그램 개발』, 부산 여성 가족개발원.

류이근 외(2016)『별이 된 아이들 263명, 그 이름을 부르다. 아동학대에 관한 뒤 늦은 기록』, 한영 문화사.

보건복지부(2019)『2019 아동학대 주요 통계』, 보건복지부.

서울특별시 동부 아동학대 예방센터(2001)『아동학대 사례 연구집』, 서울특별 시 아동학대 예방센터.

알란 켐프(2001)『가족학대・가족폭력』, 이화여자대학교 사회사업연구소, 나 남출판.

飯田邦男(2005)『虐待親への接近―家裁調査官の目と技法―』, 民事法研究会.

田中究(2016)「子ども虐待とケア」『児童青年精神医学とその近接領域』57(5).

堀川恵子(2013)『永山則夫封印された鑑定記録』, 岩波書店.

吉田恒夫(2003)『児童虐待防止法制度改正の課題と方向性』, 向学社.

연합뉴스, 2021.5.16,「국과수 "아동학대 사망, 정부 통계의 4.3배"」 https://www.yonhapnewstv.co.kr/news/MYH20210516006100038 (검색일:2021.5.16.)

중앙일보, 2020.9.27,「"'윤창호법 잊었나…시행 1년 만에 음주 사고 다시 늘었다."」, https://www.joongang.co.kr/article/23881989(검색일: 2021.5.16.)

조선일보, 2018.12.30,「재범률 45%…마약보다 중독성 강한 음주운전」, https://www.chosun.com/site/data/html_dir/2018/12/30/2018123000731. html(검색일: 2021.5.16)

KBS, 2020.8.25., 「[아동학대 7년의 기록]③ 태어나자마자 '학대' 부터…데이터
가 말하는 가해자의 민낯은?」,
　　　https://news.kbs.co.kr/news/view.do?ncd=4524583&ref=D(검색일:
　　　2021.5.16)
朝日新聞, 2018.3.4, 「水シャワーかけ殴った。日常的に虐待か5歳女児死亡」
　　　https://www.asahi.com/articles/ASL3456BNL34UTIL013.html(検索
　　　日: 2021.5.16)
朝日新聞, 2020.3.25, 「(現場へ!)目黒児童虐待死事件: 3 加害者にも、手を差し伸
　　　べて」、https://www.asahi.com/articles/DA3S14416582.html(検索日:
　　　2021.5.16)
주간조선, 2021.2.1, 「학대 아동 84% 다시 집으로… 아동학대 통계의 경고」,
　　　http://weekly.chosun.com/client/news/viw.asp?ctcd=C02&nNewsNumb=
　　　002644100008(검색일: 2021.5.16.)
ゼロ会議, 2016, https://www.ikuhaku.com/zero/(検索日: 2021.5.16)
한국일보, 2021.3.20, 「'죽음의 매' 된 '훈육의 매'… 어쩌다 부모는 악마가 되었나」,
　　　https://www.hankookilbo.com/News/Read/A2021031014590005130?
　　　did=DA(검색일: 2021.5.16)
중앙일보, 2020.7.15., 「5살에 목검 휘두른 계부…숨진 아이 동생 "엄마·아빠는
　　　괴물"」, https://www.joongang.co.kr/article/23824866(검색일: 2021.
　　　5.16)
중앙일보, 2020.5.23, 「'5살 살해' 계부의 학대 대물림…둘째 아들 일기엔 "괴물
　　　아빠"」 https://www.joongang.co.kr/article/23783882(검색일: 2021.5.16)
ABCニュース関西ニュース, 2021.3.11, 「大阪府7年連続全国ワースト児童虐待の通
　　　報件数 7割以上が「心理的虐待」,
　　　https://www.asahi.co.jp/webnews/pages/abc_9885.html(検索日:
　　　2021.5.16)
황보 승희, 2021.3.9., [보도자료] 황보승희 의원, 아동학대 등 범죄피해자 보호법
　　　개정, https://blog.naver.com/ven76/222269350102(검색일: 2021.5.16)
朝日新聞, 2020.1.23,
　　　https://www.asahi.com/articles/ASN1R5FXKN1RPIHB01P.html(検
　　　索日:2021.5.16.)

日本経済新聞, 2021.1.12.,「20年度のDV相談、最多の13万件超 コロナ外出自粛で」,
　　　　https://www.nikkei.com/article/DGXZQODG125JZ0S1A110C2000000/
　　　　(検索日: 2021.5.16.)
연합뉴스, 2021.4.15,「인천 뇌출혈 2개월 여아…위기가정 보호망 빈틈」
　　　　https://www.yna.co.kr/view/AKR20210415090500065?input=1179m
　　　　(검색일:2021.6.23)

서벌턴으로서의
'재한 일본인처'

1. 머리말

'서벌턴(Subaltern)'은 안토니오 그람시가 '프롤레타리아'라는 말을
대신해서 썼던 용어로, 1980년대 초 인도의 역사학자 라나지트 구
하(Ranajit Guha)를 비롯한 일군의 역사학자들이 모여 기존의 식민주
의적, 민족주의적인 관점에서 다루어왔던 인도의 역사 해석을 비
판하고, 그동안 역사의 주체가 되지 못했던 인도 인민의 입장을 부
각시키기 위한 목적으로 이들을 '서벌턴'이라 지칭하며 연구를 시
작했던 것에서 유래한다.[1] 즉 서벌턴은 탈식민주의 이론의 개념어
로 사회적·정치적·경제적·문화적으로 소외된 사람들, 지배집

단에 예속되어 있는 하층민, 하위주체, 종속계급 등으로 번역되며
계급·카스트·연령·젠더·지위를 비롯한 모든 층위에서 권력관
계에 종속된 상태에 있는 사람들을 가리키는 용어라고 할 수 있다.[2]
또한 엘리트들을 제외한 나머지 '민중'(people) 전체를 서벌턴으로
정의하기도 한다.

그리고 오늘날에는 분과적, 지역적 경계를 모두 넘어 역사학·
인류학·사회학·인문지리학·문학 등의 분야에 있어서 종속적·
주연화(周緣化)된 사회집단, 또는 하층계급 등, 행위의 주체자로서
사회적 지위를 얻지 못하고 있는 사람 혹은 집단을 가리키는 학술
용어가 되었다. 따라서 권력관계의 여러 층위에서 지배계층의 헤
게모니에 종속되어 있는 다양한 사회집단들을 가리키는 민중으로
서의 서벌턴 개념은 고정적이고 통일적인 어떤 본질적 정체성을
전제하거나 계급이나 민족 등 어느 하나의 범주를 특권화하지는

---

1 원래 영국 군대에서 대위(大尉) 이하의 하급사관 혹은 낮은 서열에 있는 자를 가
  리키는 말로 사용되던 서벌탄(subaltern)이라는 용어를 군대와는 무관하게 주
  로 제3세계 국가의 하층민을 가리키는 이론적, 전략적 개념으로 만든 이는 이탈
  리아의 마르크스주의자 안토니오 그람시였다. 그람시의 서벌턴 개념이 1970
  년대에는 남아시아, 특히 인도 사회의 비엘리트계층에 주목한 연구자들의 그
  룹 '서벌턴 스터디즈 그룹(Subaltern Studies Group)'의 연구 활동을 통해 포스
  트식민주의 이론에 도입되었다.
2 이와 같은 정의에 대해서 김택현은 "최근 서발턴 연구와 서발턴 개념을 소개하
  고 있는 국내 문헌이나 번역서에서 서발턴은 '하층민', '하위 주체', '하위 집단'
  등으로 번역되어 있다. 그러나 그저 사전적인 뜻대로 '하층민'이나 '하위 집단'
  으로 번역하는 것은 서발턴 연구의 이론적 문제의식을 어느 정도라도 담아 내
  지 못한다. '하위 주체'라는 번역어도 서발턴 연구가 서발턴의 '주체성' 자체를
  문제화한다는 점에서, 그리고 그 문제의식의 연장선상에서 서발턴의 속성인
  '서발터니티(subalternity)'를 번역하기가 더욱 곤란하다는 점에서 난점이 있
  다"고 지적한다. 김택현(2003) 『서발턴과 역사학 비판』, 박종철출판사, pp.16-
  17.

않는다.

서벌턴 연구의 초기 단계에서는 서벌턴을 계급, 카스트(caste), 성(gender), 인종, 언어, 문화 등의 면에서 지배, 피지배 관계의 중심성을 지시하기 위해 사용하는 개념으로 정의되었다. 그리고 식민지화된 장소의 역사기술을 식민지를 지배・경영하는 측의 시점이 아닌 식민지지배를 받는 측의 시점에서 파악한다는 새로운 관점을 제시하였다. 그리고 현재 서벌턴 연구는 탈민족주의, 탈식민주의, 탈구조주의의 이론과 문화연구가 교차함으로써 새롭게 생성된 학제적 연구영역에서 가장 역동적인 섹터가 되었다.

어느 시대 어느 지역에나 사회체제의 최하층과 말단 주변부에 존재해왔고 또한 지금도 존재하고 있는 이들 서벌턴의 삶은 국가와 민족의 경계가 무색하리만큼 서로 닮아 있다. 특히 한일 양국의 경우는 역사, 지리, 문화적 특수 관계 속에 서벌턴 양상의 보편성과 공통성이 차별성 못지 않게 중요한 비중을 차지하고 있다. 이는 국가와 민족의 정체성과 고유성 이전의 인간의 존엄성에 관한 문제이며, 그런 의미에서 서벌턴에 대한 조명은 인류의 상생과 화해, 소통을 지향하는 지역연구로서의 일본 연구라는 당면한 목적에도 부합되는 중요한 주제라 할 수 있다.

이 글은 일제 식민통치 시대의 지배와 피지배라는 관계 속에서 계급, 성(gender), 민족, 언어, 문화 등의 면에서 '말할 수 없는' 사회적 약자로 살아갈 수밖에 없었던 재한(在韓) 일본인처(日本人妻)를 분석의 대상으로 하여 이들의 하위주체로서의 삶을 조명하고, 사회・문화적 주체로의 전환의 가능성과 한계에 대해서 분석・고찰함을

155

목적으로 한다. 이를 통해 군국주의, 천황제, 내셔널리즘, 식민지 문화 권력, 주류 기층문화를 대상으로 연구가 이루어진 결과 남성 중심주의, 국가 중심주의, 엘리트 계층 중심주의라고 하는 단순한 결과로 귀결되어왔던 종래의 일본 연구의 단점을 보완하고, 국가 와 민족이라는 거대 담론 형성과정에서 한일 양국 모두에게 배제 되고 도외시되었던 서벌턴으로서의 재한 일본인처의 삶을 한일 양 국의 공적 기억으로 자리매김해 보고자 하는 것이다. 이를 통해 서 벌턴 연구가 갖는 탈식민주의 연구라는 고정된 틀과 거기에서 오 는 폐색감을 호소하는 국내외의 연구 상황과 관련하여 본 연구가 제한적이지만 유의미한 방법론을 제시할 수 있기를 기대한다.

2. 식민통치와 '내선결혼(內鮮結婚)'

필자는 일전에 일본군 위안부 문제의 '주체화'라는 관점에서 '말 할 수 없는' 사회적 약자, 즉 1990년대 이전까지 한국 사회와 역사 의 주체가 되지 못했던 일본군 위안부들의 존재론적 한계와 정치·사회의 구조적인 상황에 주목하여 이들이 이러한 상황을 극복해 가면서 사적인 개인에서 스스로를 사회적 주체로 전환해 가는 과 정을 운동단체와의 관계를 중심으로 고찰해 보았다.[3] 구체적으로 는 1990년대 이전의 일본군 위안부를 한국 사회의 대표적 서벌턴

---

3 이권희(2020.6) 「일본군 위안부의 '주체화'에 관한 고찰」 『日本思想』 제38호, 한국일본사상사학회.

으로서 규정하고 지금까지 국가와 민족이라는 거대 담론 형성과정
에서 배제 또는 도외시되었던 위안부 피해자와 담론 형성의 중심
에 서 있던 피해자를 비교하고, 시민운동 단체의 '운동'에 대해 고
찰함으로써 사회적 약자일 수밖에 없었던 위안부 피해자들이 사회
의 주변부에서 중심부로 이동해가는 과정을 분석 고찰하였다.

주지하다시피 일본군 위안부 문제가 한일 양국의 과거사를 둘러
싼 핵심 현안으로 등장하기 시작한 것은 1991년 8월, 전장에의 위
안부 동원에 일본군은 관여한 바가 없다는 일본 정부의 공식 입장
에 대해서 고 김학순 할머니의 증언이 있고 난 이후이다. 그러나
1990년대 이전, 사실 이보다 훨씬 전부터 우리가 기억하지 않는 많
은 일본군 위안부 할머니들의 커밍아웃이 있었고 일본 정부의 책
임을 추궁해 왔다는 것은 그다지 잘 알려져 있지 않았다.

1980년대 여성운동의 흐름 속에서 시작된 한국의 위안부 연구
는 1990년대에 들어 그 누구도 이의를 제기할 수 없는 민족 서사를
바탕으로 민족주의적 담론을 형성해 왔다. 이를 주도한 것은 1990
년 발족한 시민단체 '한국정신대문제대책협의회'(이하 '정대협'이라 약
칭함. 현재의 '정의기억연대'의 전신) 멤버와 그들의 활동을 서포트해온 역
사학자들이었다. 그러나 이들은 한국 사회에서 일본군 위안부 문
제가 본격적으로 공론화되기 시작했던 1990년대 이후 이 문제를
한국 사회의 뿌리 깊은 가부장제 전통 속에서의 여성의 인권과 젠
더의 문제가 아닌 우리 민족 전체의 수난의 문제임을 강조하는 것
을 운동의 핵심 전략으로 삼았다. 국가와 '민족'을 중시하는 담론
형성과정에서 일본군 위안부 개개인의 서사는 묻혀버리거나 혹은

의도적으로 배제되었다.

그러나 한국 사회의 서벌턴으로서 일본군 위안부였음을 평생 괴로워하며 숨어 지내던 피해자들은 지난 30여 년 동안 정대협(정의연)의 적극적인 지원과 활동 덕분에 인권운동가로서 다시 태어나 시민사회 운동의 주체로서 우뚝 설 수 있게 되었다. 즉 '말할 수 없는' 한국 사회의 서벌턴이었던 일본군 위안부 피해자들은 역사와 민족의 주체로서 스스로 자신들의 목소리를 발신할 수 있게 되었던 것이다. 그 운동의 방향성과 주체화의 방법이 과연 옳았는가 하는 것은 차치하고서 말이다.

그런 한편에서, 동시대의 역사의 희생자이면서도 머나먼 이국땅에서 자신의 존재를 숨기고 살아야 했고, 지금까지 단 한 번도 역사의 주체로서 사회를 향해 자신들의 존재에 대한 목소리를 낼 수 없었던 여성들이 있다. 바로 재한(在韓) 일본인처(日本人妻)이다. 이 글은 재한 일본인처를 한일 양국 사회의 서벌턴으로 보고, 서벌턴을 서벌턴으로 만드는 존재론적 조건, 다시 말해 종종 '말할 수 없음'으로 표현되는 그녀들의 존재론적 한계와 1945년 이후 한일 양국의 정치·사회의 구조 속에서 재한 일본인처의 문제에 주목하고자 한다. 서벌턴의 공적 주체성의 문제는 사회적으로 억압되어 주변으로 밀려나 있는 다양한 소수자 집단의 주체성의 문제와 밀접하게 연결되어 있는 문제이다.

일본은 1910년 대한제국(조선)을 병합한 이래 대략 35년 남짓 식민지배를 했다. 식민지배 기간을 통해 일본은 동조동근론(同祖同根論) 등을 주장하며 내선융화(內鮮融和)나 내선일체(內鮮一體)라는 구호 하에 조선인들의 민족정체성을 말살하는 동화정책을 실시했다. 조선어 사용 금지, 창씨개명 등은 대표적인 황민화 정책이었는데 내선결혼 또한 동화정책의 일환으로 장려되었다. 1920년 고종의 넷째 아들인 왕세자 은(垠)과 일본 왕족 나시모토노미야 마사코(梨本宮方子)(한국명 이방자)와의 결혼은 대표적인 내선결혼이었다. 특히 1930년대에 들어서면서부터 조선에서는 총독부나 어용단체가 앞장서 내선결혼을 독려했다. 조선총독부가 조직한 친일단체인 '국민총력조선연맹(國民總力朝鮮聯盟)'은 1940년 한 해 동안 내선결혼을 한 당사자들에게 미나미 지로(南次郎) 조선 총독 친필이 담긴 족자와 표창장을 수여했다. 친일 출판사인 '내선일체실천사(內鮮一體實踐社)'는 내선결혼 상담부를 운영하며 직접 중매까지 섰다.[4]

그러나 조선에서의 내선결혼은 슬로건적인 장려에 지나지 않았으며 실질적인 촉진책이 채용되지는 않았다.[5] 또한 패전 직전에는 조선총독부도 내선결혼을 허가제로 전화(轉化)할 것을 고려했었다는 것을 보면 일제가 정책으로서 내선결혼을 장려했었다는 것에 대해서는 논의의 여지가 있다.[6] 그렇긴 해도 실제로 상당히 많은 내선결혼이 이루어졌음을 알 수 있다.[7]

---

4 최석영(2000)「식민지 시기 '내선결혼'장려 문제」『일본학연보』제9집, pp. 292-293.
5 金英達(1999)「日本の朝鮮統治下における「通婚」と「混血」「內鮮結婚」の法制・統計・政策について」『紀要<関西大・人権問題研究室>』.
6 李正善(2014)「內鮮結婚」にみる帝国日本の朝鮮統治と戸籍」『朝鮮史研究会論文集』52.
7 金英達, 前揭論文.

〈표1〉 인구동태통계조사의 내선결혼 건수[8]

		일본인 남편-조선인 처			조선인 남편-일본인 처				합계
		보통	초서	총수	보통	입부	서양자	총수	
1938	조선	51		51	13	7	3	23	74
	일본	9		9	556	168	78	802	811
	기타	8		8	9	4	1	14	22
1939	조선	72		72	21	4	2	27	99
	일본	27		27	615	179	66	860	887
	기타	6		6	6	4	3	13	19
1940	조선	70	3	73	27	5	1	33	106
	일본	16		16	819	168	81	1,068	1,084
	기타	8		8	13	2		15	23
1941	조선	71		71	43	4	3	50	121
	일본	30		30	946	220	62	1,228	1,258
	기타	12		12	23	1	1	25	37
1942	조선	25		25	48	4		47	72
	일본	134		134	1,028	202	52	1,284	1,418
	기타	13		13	23	4		27	40

위의 표면 보면 먼저 조선에서의 내선결혼의 수보다는 일본에서
의 내선결혼의 수가 압도적으로 많음을 알 수 있다. 그리고 조선에
서는 일본인 남편과 조선인 처의 결합 비율이 1942년을 제외하고
는 일본에서의 그 수보다 많다. 그런데 일본에서는 조선인 남편과
일본인 처가 결합하는 비율이 일본인 남편·조선인 처의 비율에 비
해 압도적으로 많다. 그리고 그 수는 해마다 점점 늘어나고 있음을
알 수 있다. 한마디로 내선결혼은 일본에서 조선 남성과 일본 여성

---

8 『朝鮮人口動態通計』 각년판, 이정선(2017) 『배제와 동화 일제의 동화정책과 내
  선결혼』, 역사비평사, p.345.

이 맺어지는 경우가 대부분이었다.

일반적으로 식민 본국과 식민지 사이의 결혼이나 결합은 제국 남성과 식민지 여성 사이에서 이루어지는 경우가 많다. 그런데 내선결혼의 경우는 그러한 통설과는 전혀 다른 양상을 보인다. 이는 혈연적 유사성을 강조한 일본 특유의 동화정책 이념과 관계가 있다. 서구 제국주의 국가, 특히 프랑스 같은 경우는 인종주의의 발흥과 함께 식민 모국과 식민지인의 결혼, 특히 지배 민족의 여성과 피지배 민족 남성의 접촉을 엄격히 금지한 데에 비해 일본은 일본인과 조선인의 결혼을 막을 이유가 없었을 뿐만 아니라 식민지민의 동화에도 도움이 된다고 주장하였다.[9] 그 결과 1920년대 초에 시행된 내선결혼에 관한 법제는 조선인과 일본인의 결혼에 성별에 따른 제한이나 지역에 따른 제한을 두지 않았다. 대한제국 '병합' 이후 조선인도 일본 국적을 갖는다고 한 이상 내선결혼은 국제결혼이 아니라 내국인끼리의 결혼이었고, 천황이 조선인을 일본인과 똑같이 사랑한다는 '일시동인(一視同仁)'의 뜻을 표방한 이상 동화의 이념을 뒷받침하기 위해서 조선인을 차별하는 것처럼 보이는 요소를 가급적 제거하려 했기 때문이다.[10]

내선결혼이라는 문제를 생각할 때 먼저 분명히 해야 할 것이 몇 가지 있다. 조선총독부의 식민지 동화정책의 일환으로 장려된 식민지인들과 식민 모국인들과의 통혼과, 정책과는 무관하게 인간적

9   이정선(2018 · 6) 「'내선결혼'한 일본인 여성의 조선 이주와 가족생활: 일제시기의 경험을 중심으로」 『여성과 역사』 28, p.31.
10   이정선, 앞의 논문, p.31.

인 만남과 선택에 의한 통혼을 모두 내선결혼이라는 말로 동일시
할 수 있느냐는 것이다. 일반적으로 내선결혼이라고 하면 전자를
가리키는 경우가 많다. 그렇다고 후자의 경우를 국제결혼이라고
할 수도 없느니 내선결혼이란 용어는 광의로는 조선인과 일본인의
통혼 전체를 가리키는 말로, 그리고 협의로는 조선총독부의 식민
지 동화정책의 일환으로 장려된 조선인과 일본인 건의 결혼을 가
리키는 용어라 정의하자.

　실제로 식민지 조선과 식민 모국 일본의 남녀 간 내선결혼의 형
태는 다양했다. 먼저 조선으로 돈을 벌러 온 일본인과 그들의 자녀
들이 조선인과 결혼을 하는 경우이다. 1910년 이전부터 남녀를 불
문하고 조선에 거류하는 일본인들이 꽤 있었고 총독부의 정책과는
무관하게 사적인 결정에 의해 내선결혼이 이루어진 경우이다. 다
음으로는 조선에서의 생활이 어려웠던 빈농이나 노동자들, 이른바
하류계급의 조선인 남성들이 돈을 벌기 위해 일본으로 건너가 일
본인 여성과 결혼을 한 경우이다. 이른바 가난한 조선의 청년과 일
본의 딸들의 결합이다. 1931년의 만주사변, 1937년의 중일전쟁,
그리고 1941년의 아시아태평양전쟁 발발 등 이른바 15년전쟁을
치르면서 일본 내 남성들이 대거 전쟁터로 동원되거나 전사하여
결혼적령기의 일본 여성들이 선택할 수 있는 배우자의 수가 눈에
띄게 줄어들었다. 특히 1939년 이후에는 조선인들의 집단 노무동원
이 시작되었다. 이에 일본의 군수산업체나 광산 등에 강제 동원되거
나 제 발로 돈을 벌러 일본으로 건너간 조선인 남성들과 일본인 여
성들이 자유로운 연애를 통해 내선결혼이 자유롭게 이루어졌다.

일본 내무성 통계를 보면 1938년에 79만 명이던 재일조선인이 1944년엔 194만 명에 이르렀다. 1945년 5월 기준으로 일본에 머물렀던 조선인은 210만 명으로 추산된다. 조선인 남성과 일본인 여성의 만남은 자연스러운 일이었다. 소수 유학생을 제외한 대다수가 가난한 노동자였다. 1945년 3월 일본 탄광 노동자 41만여 명 가운데 조선인 노동자는 30%에 달했다. 지역에 따라서는 조선인 노동자가 일본인보다 더 많은 경우도 있었다. 홋카이도가 대표적이었다.

내선결혼의 대부분은 당사자 간의 자유로운 연애를 통한 결혼이었다. 각종 증언집이나 구술자료를 통해 확인할 수 있었던 대부분의 경우는 극히 일부분을 제외하고 모두 이 경우에 속한다. 게다가 이 같은 경우에는 피식민지 조선인 남성이 식민 모국 일본인 여성과 결혼함으로써 신분 상승을 꾀하고자 했던 심리적 요인도 작용했었다고 볼 수 있다.[11]

마지막으로 위의 두 경우와는 달리 당사자들의 적극적인 연애와 결혼 의지를 통해 맺어진 경우이다. 식민지와 식민 모국의 상류 집안의 자식들이 일본에서 유학을 하던 중에 자유연애와 상호 간의 적극적 선택에 따라 맺어진 경우이다. 이런 경우 표본은 많지 않지만 1945년 이후에도 굴곡 없는 삶을 살아온 경우가 많다.

그러나 내선결혼은 그 어떤 경우에도 전쟁이라는 특수한 사회적 환경의 변화에 따른 시대의 흐름에 순응한 결과였다는 점에서, 그

11　오야 지히로 「잡지 「內鮮一體」에 나타난 내선결혼의 양상 연구」 『사이間SAI』 창간호, 2006, pp.271-301.

리고 보다 근본적으로는 일제의 식민통치에 따른 이주와 이동에 기인하고 있었다는 점에서, 심리적, 정책적 동기를 불문하고 한일 양국의 불행했던 근대사의 한 단면을 보여준다.

3. 내선결혼의 양상

일제의 식민지배의 영향은 여러 측면에서 현재를 규정하고 있다. 식민지기 식민 모국에 속했던 많은 여성들이 식민지 남성들과 이른바 내선결혼을 통해 부부가 되었고, 많은 일본인처가 일본의 패망과 더불어 1945년을 전후로 하여 한국으로 이주하였다. 이들 일본인처들은 피식민지였던 한국으로 이주해 외국인 여성으로서의 취약한 지위와 한국 사회의 반일정서 속에서 복잡한 삶을 살아온 시대의 증인이었다.

일본인처의 존재가 한일 양국에 처음 알려졌을 당시에는 주로 일본인 처의 개인적 경험 소개, 한국으로의 이주와 생활의 궁핍함을 강조하면서 반일 감정과 가부장제의 희생자로서, 또는 이를 비판하기 위한 소재로 소비되었다.[12] 이를 계기로 소수이기는 하지만 내선결혼과 일본인처에 관한 연구는 소수이기는 하나 주로 식민지 지배와 관련하여 지배, 피지배 민족과 젠더의 문제, 경계인으로서

---

12 上坂冬子(1999)『慶州ナザレ園: 忘れられた日本人妻たち』, 中公文庫(初版은 中央公論社, 1982), 金應烈(1984)「在韓日本人妻の貧困と生活不安」『社会老年学』17, 小林孝行(1986)「戦後の在韓日本婦人についての基礎的研究」『福岡教育大学紀要』36(2) 등.

의 일본인처라는 다아스포라의 문제, 그리고 식민지 통치 기술 등의 관점에서 이루어지고 있다. 예를 들어 피지배 민족과 젠더의 문제이다. 1945년 해방 이전까지 일본인과 조선인은 법적, 사회적 위계에서 차이가 있었고, 식민 모국인의 인종적 우수성이나 역사와 문화가 식민지의 그것에 비해 월등히 뛰어나다고 간주되었다. 하여 일본인처는 식민 모국에서 남편보다 우월한 지위를 점했다. 하지만 남성 우위의 가부장제 사회였던 일본과 조선에서 남편의 지위는 아내보다 높았다. 따라서 조선인 남성과 일본인 여성의 내선결혼은 지배와 피지배라는 민족의 권력관계와 남녀의 권력관계라는 젠더의 문제가 복잡하게 얽힌 문제이다.

이하 일본인처를 직접 인터뷰하여 정리한 기록에 등장하는 여성들의 경험, 그리고 사진작가 김종욱 선생의 박사학위 논문 중에서 해방 전후 일본인처의 행적을 어느 정도 구체적으로 파악할 수 있는 일본인 처의 경험을 정리해 보고자 한다.[13]

재한 일본인처의 존재가 한일 양국 사회에 알려지게 된 것은 논픽션 작가 가미사카 후유코(上坂冬子)가 경주를 관광하던 중 우연한 기회에 구정동 나자레원에 일본인처들이 집단으로 거주한다는 것을 알게 되었고, 이후 이들의 인터뷰를 바탕으로 해서 출간한 『경

---

13 山本かほり(1994)「ある在韓日本人妻の生活史: 日本と韓国のはざ間で」『女性学評論』8; 김응렬(1996)「在韓 日本人妻의 生活史」『한국학연구』8; 伊藤孝司(1996)『日本人花嫁の戦後: 韓国・慶州ナザレ園からの証言』, LYU工房, 石川奈津子(2001)『海峡を渡った妻たち: ナザレ園・芙蓉会・故郷の家の人びと』, 同時代社; 김종욱(2014)「근대기 조선 이주 일본인 여성의 삶에 대한 연구 - 경주 나자레원 할머니를 중심으로」, 경주대학교 박사학위논문 등.

주 나자레원 잊혀진 일본인처들』(中央公論社, 1982)이 한일 양국에 출간되어 반향을 일으킨 이후이다.

일본인처에 관한 초기의 연구는 재한 일본인처들의 모임인 '부용회(芙蓉會)' 회원을 중심으로 그녀들과의 인터뷰를 통해 굴곡진 삶의 궤적을 나열식으로 보고하는 형식이 대부분이었다.[14] 그러던 것이 2000년대 들어서면서부터 본격적인 연구가 시작되었는데, 디아스포라라는 관점에서 경계인으로서의 삶을 분석한 연구, 나자레원에 거주하는 일본인처를 대상으로 생애사라는 관점에서 이들의 삶을 재구성하고 기록하는 연구 등 조금씩이기는 하나 이들을 역사적 실재로 다루고자 하는 연구가 시작되었다.

〈표2〉 각종 인터뷰를 통해 알 수 있는 일본인처의 프로필

이름	출생	출신지	만난 곳	결혼결정	남편 신분	도항 시기	귀국	출전
村上ハル	1887	東京	일본	본인	유학생	1930	○	上坂1999
中島菊代	1910	北海道	일본	모친	노동자	1945	×	伊藤1996
内田千鶴子	1912	高知	조선	본인	고아원 경영	1919/ 1948	×	윤기, 윤문지1985
国田房子	1915	愛媛	일본	본인	유학생	1944	×	上坂1999 石川2001 北出2009
富田初	1915	北海道	일본	본인	유학생	1932	×	伊藤1996

---

14 윤기・윤문지(1985)『어머니는 바보야』, 홍성사; 카세타니 도모오(1994)「在韓日本人妻의 形成과 生活適應에 關한 硏究: 生活史硏究를 中心으로」, 고려대학교 석사학위논문; 石川奈津子(2001)『海峽を渡った妻たち: ナザレ園・芙蓉会・故郷の家の人びと』, 同時代社; 김문길(2005)「在韓日本人遺骨問題와「芙蓉會」에 관한 연구」『外大論叢』31 등.

제6장 서벌턴으로서의 '재한 일본인처'

松本雪子	1917	沖縄	일본	본인	공장 경영	해방 직후	×	上坂1999 伊藤1996
目目沢江野	1918	宮城	일본	오빠	노동자	1946	×	伊藤1992
高垣知子	1920	鳥取	조선	본인	노동자	1927	×	伊藤1991
高橋俊子	1922	北海道	일본	본인	노동자	1946	×	伊藤1996
内田なみ	1924	大阪	일본	본인	노동자	1948	×	伊藤1992
福田政子	1928	長野	일본	본인	노동자	1945	×	伊藤1996 石川2001 김종욱2014
高田信子	1929	北海道	일본	본인	노동자	해방 직후	×	上坂1999
井上綾子	1923	滋賀			×	×	×	김종욱2014
猪股トラノ	1914	山形	일본	본인	유학생	×	×	김종욱2014
平川静江	1917	大分			유학생	×	×	김종욱2014
*橋ツナ子	1922	奈良	×	×	×	×	×	김종욱2014
八木千尾	1927	福岡	일본	본인	회사원	×	×	김종욱2014
香川キミ子	1928	奈良	일본	본인	노동자	×	×	김종욱2014
長良初恵	1925	兵庫	일본	본인	유학생	×	×	김종욱2014
米本時江	1919	山口	조선	본인	공무원	×	×	김종욱2014
中島啓子	1921	京都	일본	본인	×	×	×	김종욱2014
工藤千代	1918	福島	일본	본인	약장수	×	×	김종욱2014
遠藤富美子	1916	福島	일본	본인	유학생	×	×	김종욱2014
佐藤照子	1925	宮城	일본	본인	노동자	×	×	김종욱2014
江口弘子	1926	大阪	일본	본인	한의사	×	×	김종욱2014
山本フミ子	1922	新潟	조선	본인	어부	×	×	김종욱2014
*南静子	1924	鹿児島	×	×	×	×	×	김종욱2014
小池ナミ子	1923	名古屋	일본	본인	사업	×	×	김종욱2014
桂静江	1920	北海道	일본	본인	전기기사	×	×	김종욱2014
佐藤タカ	1917	秋田	일본	본인	회사원	×	×	김종욱2014
工藤ミユキ	1925	大阪	일본	본인	유학생	×	×	김종욱2014
船戸とし子	1929	長野	조선	부친	×	×	×	김종욱2014

*는 정확한 인터뷰를 할 수 없을 정도로 건강 상태가 안 좋음

상기의 표에서 알 수 있듯이 일본에서 맺어진 내선부부의 경우 정부의 내선결혼이라는 정책에 따라 맺어진 경우는 전무하다. 일본에서 이루어진 내선결혼의 극히 일부분을 제외하고는 부모나 친인척의 결정에 따른 결혼이 아닌 자기 자신의 결정에 따른 연애 결혼의 경우가 대부분이었다.[15]

연애 등 자기 의사로 결혼을 결정한 경우 여성의 계급에 따라 그 경험이 다르다. 우선, 자신도 높은 교육을 받고 있어 유학생으로 일본에 와 있던 조선인 남성과 결혼을 한 경우가 있다. 도미타 하쓰(富田初)는 여학교에 다닐 때 조치대학(上智大學)에서 공부하던 유학생을 알게 되었다. 도미타가 여학교를 졸업한 후 도쿄에서 방을 빌려 함께 생활하게 되었는데 아이가 생겨 생활을 꾸려 나갈 수 없게 되었다. 그래서 조선에 있는 시댁 식구와 함께 살려고 1934년 조선으로 건너갔다. 부모는 반대할 것이라 생각해 두 사람의 관계를 말하지 않았다고 한다.[16]

무라카미 하루(村上ハル)는 도쿄에서 타이피스트로 일하고 있었다. 메이지대학 학생을 알게 되어 같이 살기 시작했지만 남자가 조선인이라는 것을 몰랐다. 말투를 이상하게 생각하는 무라카미에게 남편은 가고시마와 히로시마 출신이라고 계속 속였다고 한다. 결

---

15 1. 사내 연애, 2. 할머니가 노무자로 온 조선인을 소개, 3. 친한 친구의 소개, 4. 직장에 다니는 삼촌의 소개, 5. 노무자로 온 조선인 여자친구의 소개, 6. 유학생과의 만남, 7. 조선인 상인과의 만남 등으로 다양. 김종욱(2014)「근대기 조선 이주 일본인 여성의 삶에 대한 연구-경주 나자레원 할머니를 중심으로」, 경주대학교 박사학위논문.

16 伊藤孝司(1996)『日本人花嫁の戦後: 韓国・慶州ナザレ園からの証言』, LYU工房.

국 조선인이라는 것을 알았을 무렵에 임신을 한 상태였고 결국 결혼에 이르렀다. 부친에게 결혼 허락을 구했으나 허락을 받지 못하고 부모와 이별해야 했다.[17]

구니타 후사코(国田房子)의 남편은 한방약 공부를 하기 위해 일본에서 공부하는 유학생이었는데 부모님에게는 이바라키 출신이라고 거짓말을 하고 교제를 했다. 결혼을 생각했을 때 조선인이라고 털어놓았는데 부모님도 그를 훌륭한 사람이라 인정하고 있었기 때문에 결혼 허가를 받을 수 있었다.[18]

결혼에 대한 부모들의 반응은 대부분 비슷하다. 도미타와 무라카미는 아이를 가지면서 결혼에 이르게 되지만 결국 두 사람 모두 부모로부터 허락도 받지 못하고 야반도주나 다름없는 상태로 결혼을 해 조선으로 건너왔다. 구니타의 경우는 최종적으로는 남편의 인품을 인정받아 결혼 허락을 받지만 꽤 긴 시간 일본인이라고 거짓말을 해야만 했다.

반면, 여성이 하류 계층일 경우 조선인 남편의 직업도 노동자인 경우가 많았다. 그리고 이들 하류 계층 여성들의 경우에는 상대가 조선인임을 그다지 강하게 인식하지 않았던 것 같다. 오사카의 군수공장에서 일하던 때 동료와 결혼한 우치다 나미(内田なみ)는 상대가 조선사람인 줄은 알았지만 일본어도 잘하고 일본 이름을 사용하고 있어서 일본인과 전혀 다를 바 없다고 생각했다고 한다. 아버지가 조선인이라는 이유로 결혼에 반대했지만 우치다는 도망쳐 결

---

17 上坂冬子(1982)『慶州ナザレ園: 忘れられた日本人妻たち』, 中央公論社.
18 北出明(2009)『釜山港物語: 在韓日本人妻を支えた崔秉大の八十年』, 社会評論社.

혼을 감행했다.[19]

지금까지의 사례를 통해 알 수 있는 것은 첫째, 그녀들이 조선인 남성과 결혼한 계기는 내선결혼이라는 정부 혹은 공공 기관 등의 압력에 의한 것은 아니었다는 것이다. 물론 일본의 패전 후에 많은 부부가 이혼을 했다는 것에서 그들 중에 그러한 사례가 있었을 가능성을 부정할 수는 없지만 적어도 여러 증언집을 종합해 볼 때 그 누구도 정략적인 내선결혼을 한 케이스는 없었다. 예외적으로 홋카이도에서 1942년에 행해진 나카지마 기쿠요(中島菊代)의 결혼식에서는 경찰부장이 내선결혼을 언급하고 있으나 결혼 성립에 관여한 사실은 없으며 오히려 두 사람의 결혼을 선전함으로써 이데올로기적으로 이용하려 했다고 할 수 있다.

둘째, 가족이나 주위로부터의 반대가 강력했다는 점이다. 내선일체, 일선동조라는 슬로건을 아무리 외쳐도 일본인의 조선인 차별은 강고했음을 알 수 있다. 특히 부친의 반대는 완강했다. 어머니들이나 형제 중에는 인품이나 경제력이 있으면 조선인이어도 좋다고 생각하는 경향을 읽을 수 있었는데 그렇게 생각하는 아버지는 적었다.

셋째, 조선인 남자와의 결혼을 적극적으로 선택했다기보다는 경제적 어려움이나 아버지의 부재 등 일본인 남자와의 결혼에 마이너스 조건을 짊어지고 있던 여성이 소극적인 선택으로 조선인 남성과 결혼하는 경우가 많았다는 것이다.

---

19 山本かほり(1994)「ある在韓日本人妻の生活史: 日本と韓国のはざ間で」『女性学評論』8.

넷째, 조선인 남자의 외모나 성격 등 반해 적극적으로 결혼을 선택하고 한국으로 건너온 경우도 많다. 김종욱의 나자레원 할머니들의 인터뷰에는 남성이 잘생겼고 성격이 좋았다는 말이 많이 나온다.[20]

4. 조선으로의 이주와 서벌턴으로서의 삶

많은 내선부부가 일본에서 만나 결혼한 후에 1945년을 전후로 해서 조선으로 건너왔다. 그중에는 일본 패망 이전부터 남편의 일이나 가정사 때문에 조선에 일시적으로 머물다 일본이 전쟁에서 패하고 조선이 해방됨에 따라 이동의 자유가 없어져 조선에 그대로 머물게 된 사례도 있다. 무라카미 하루는 1930년에, 도미타 하쓰는 1932년 각각 임신으로, 구니타 후사코는 1944년에 제사 때문에 시댁이 있는 조선으로 건너왔다가 일본으로 돌아가지 못했다.[21] 그러나 대부분은 일본 패망 이후 남편을 따라 조선으로 이주했다. 1945년 패망 당시 일본 내 내선부부는 5천 쌍 정도로 추정되며 이중 약 2천여 명의 일본인처가 남편을 따라 조선에 왔다.[22] 일본인은 원칙적으로 조선으로의 입국이 금지되었는데 일본인 여성의 경우

20 김종욱, 앞의 학위논문.
21 후루하시 아야(2017.6)「在韓日本人妻の経験による歴史の捉え直し」『比較日本學』 제39집, p.205.
22 김수자(2013)「재한일본인처의 경계인으로서의 삶과 기억의 재구성」『이화사학연구』46, p.360.

에 한해서는 조선인과 결혼했다는 혼인증명서나 부모의 승낙서, 또는 호적등본을 제출하면 남편고하 함께 조선으로 건너가는 것이 허가되었다.[23]

일제 패망 당시 일본으로 건너가 있던 조선인의 수는 대략 210만 명 정도로 추산된다. 그리고 1949년 5월 말까지 약 140만 명이 고국으로 돌아왔다. 60만 명 정도는 돌아오지 않고 일본에 잔류했다. 반대로 해방 당시 조선에는 약 85만 명의 일본인이 거주하고 있었다. 이들 또한 대부분 일본으로 돌아갔는데 그중 1,307명 정도의 일본인이 조선에 남기를 희망했다.[24] 대략 3,000여 명의 일본인처가 조선에서 조선인 남편과 함께 살기를 원했다.

일본인처의 조선으로의 이주는 다양한 이유로 이루어졌다. 이들의 구술을 분석해 보면 몇몇 경우를 제외하고 조선으로의 적극적인 이주 동기는 찾아보기 힘들다. 먼저 내선부부의 대부분은 일본 내에서의 생활이 그다지 넉넉하지 않았고 부모로부터는 결혼을 인정받지 못했던 까닭에 조선이라는 미지의 세계에서 새롭게 출발하고자 했던 심리적, 정서적 이유가 작용했다. 즉, 전쟁 중에 이미 생활의 어려움을 겪고 있던 여성들에게는 일본이나 조선이나 별반 차이가 없었을 것이다. 패전의 혼란 속에서 자신의 상황은 점점 더 어려워질 거라는 것이 눈에 보이는 상황에서 미지의 땅에서 새로운 생활을 시작할 수 있다는 것이 그녀들의 마음을 움직인 것이다.

아오키 쓰네(靑木恒)는 1928년 1월 16일 일본 홋카이도에서 10남

---

23 김수자, 위의 논문, p.361.
24 田芳夫(1964)『朝鮮終戦の記録』, 巖南堂書店, p.149.

매 중 셋째로 태어났다. 1943년 고등학교를 졸업 후 집안일을 도
우며 지냈다. 탄광과 공장 사이에 있던 그의 집에는 20여 명의 조선
인 하숙생이 있었다. 그들 대개는 전쟁 중인 일본의 부족한 노동력
을 메우러 바다를 건너온 사람들이었다. 아오키의 남편 남점암도
그중 한 사람이었다. 조선에서 농부였던 점암은 일본에서 탄광 광
부로 일했다. 많은 조선인이 일본으로 건너가 하급 노동자로 전락
했다.

　점암은 아오키 집에서 가장 오래 하숙한 사람이었다. "사람이 순
진하고 참 좋았어요. 우리집 농사일, 가축 기르는 일도 많이 거들어
줬어."[25] 아오키는 조선 사람이 낯설지 않았다. 둘째 언니도 조선인
과 결혼했다. 둘째 형부는 경북 안동에 살던 양반댁 자제였다. 아오
키가 고등학교를 졸업하면서 집에서는 자연스럽게 점암과의 혼인
이야기가 오갔다.

　일본의 공장과 탄광 지대에서는 조선인들과 일본인들의 결혼이
자연스러웠다. 일본 내무성 기관지『특고월보(特高月報)』에 실린 집
계에 따르면, 1939년 12월 말 일본 전국 47개 지역 중 내선부부가
가장 많이 거주하는 곳은 도쿄 다음으로 홋카이도였다. 이는 <표
2>를 통해서도 확인할 수 있다. 홋카이도는 유바리(夕張)나 구시로
(釧路) 등의 유명한 탄광이 밀집되어 있던 곳이다.

　아오키는 1944년 겨울에 점암과 결혼식을 올렸다. 그리고 결혼
뒤 1년도 지나지 않은 1945년 조선은 식민지배에서 해방을 맞이했

25　박상연·박희영·강민혜·서지연「한·일 어디서도 환영받지 못한 나는 아오
　　키, 이복순, 청목향」, 한겨례신문, 2018년 8월 11일 자.

다. 이때 아오키는 임신중이었다. 점암은 아오키에게 조선으로 가자고 했다. 점암은 조선에 가도 "목욕탕도 있고 화장실도 있고 다 있다"며 아오키를 설득했다. 아오키가 어머니에게 조선에 가겠다고 하자 어머니는 강력하게 반대했다. "혼자 가라고 하고 너는 여기서 살아라. 아이 키우면서 새로 시집가면 된다"고 했다. 그리고 1945년 10월 14일 아오키는 아이를 낳았다. 그는 자식 걱정이 앞섰다. 당시 일본인들은 조선인을 낮잡아 '한토진(반도인, 半島人)'이라고 불렀다. 자신은 이혼하고 살 수 있어도 아이가 한토진 소리를 들으며 자랄 게 걱정됐다. 아오키는 남편 점암을 따라 아이와 함께 조선으로 가겠다고 결심했다.

조선인 남편의 강한 귀국 의지와 전통적인 가부장제 사회에서의 '여필종부(女必從夫)'의 관념이 이들의 조선행을 선택하게 했다. 사토 데루코(佐藤照子)는 1925년 일본 미야기현에서 태어났다. 스무살이던 1945년 그녀는 연극의 재미에 한창 빠져 있었다. 그는 회사를 다니면서도 설날이나 추석 땐 꼭 연극 무대에 올랐다. "내 친한 친구가 그때 조선에서 온 남자하고 사귀었거든. 그 친구가 나한테도 조선 남자를 소개해준 거야. 그때 처음 만났어, 남편이랑." 친구가 소개해준 조선인 남자는 성품이 온화했다. 조선 광복 이후 고향에 돌아가는 그를 따라 덜컥 배를 탔다.

"고모 몰래 도망쳤어. 일본에 있다간 고모 양아들과 진짜 결혼하게 될까봐 겁이 막 나더라고. 그래서 아무한테도 말 안 하고 조선으로 가는 연락선을 탔지. 남편이랑은 결혼식도 못 했어. 그때 남자 따

라서 조선에 넘어온 일본 여자 중엔 나처럼 결혼식 못 올린 사람들이
참 많았어."[26]

재한 일본인처 중엔 남편의 외도와 가정불화에 시달린 경우가
많았다. 남편에게 이미 결혼한 아내가 있는지조차 몰랐던 사람도
있었고, 일본인 며느리를 들이지 않겠다는 시부모의 반대로 혼인
신고를 못한 사람들도 있었다. 고향에 돌아온 사토의 남편은 매일
같이 놀고먹었다. 노름판도 드나들었다. 사토 데루코의 남편은 노
름빚에 몰려 자기만 믿고 일본에서 따라온 아내를 남겨둔 채 야반
도주했다. 사토는 그런 남편이 야속해 자살까지 시도했다. 남편 없
이 아이를 낳은 사토는 이후 다시는 남편을 만나지 못했다.

재한 일본인처가 조선으로의 이주를 결심하거나 조선에서의 잔
류를 결정했던 건 조선인 남성의 피를 이어받은 자식들의 장래를 걱
정했던 이유가 컸다. 패전 전부터 조선에 건너간 도미타 하쓰는 만
약 아이가 없었다면 곧 헤어져 일본으로 돌아갔을 거라고 한다. 아
이를 데리고 돌아가면 일본에서는 그 아이는 사생아가 되어 좋은 곳
에 취직할 수도 없고 결혼도 못할 것이 뻔해 두고 올 수도 없고 데려
갈 수도 없고 해서 아이들을 위해 남았다고 한다.[27] 마쓰모토 유키코
(松本雪子)는 조선으로 가는 것이 무서웠기 때문에 남편의 설득에도 가
지 않겠다고 버텼지만 아이의 장래를 생각해 오기로 했다고 한다.[28]

---

26 박상연·박희영·강민혜·서지연, 위의 기사.
27 伊藤孝司, 앞의 책, pp.80-91.
28 伊藤孝司, 위의 책, pp.162-166.

한국으로의 이주 후 시댁의 반응은 다양했다. 많은 경우 한국의 풍습을 모르는 일본인의 며느리에게 냉담했다. 며느리가 집안일을 꾸려나가야 하는 시골 가정에서는 가사에 도움이 안 되는 며느리는 환영받지 못했다. 조선의 조혼 풍습상 이미 본처나 자녀가 있을 경우 시댁과의 관계는 더욱 복잡해졌다. 16살에 조선 땅을 밟은 후쿠다 마사코는 주변에서 삶을 비관해 자살한 일본인 처를 여럿 목격했다.

"나랑 가까운 데서 살던 일본 여자가 있었어. 나보다 나이도 어리고, 얼굴도 너무 예쁘고 그랬는데, 남편 따라 조선에 왔더니 본처가 있는 거야. 다 큰 자식도 있고. 기가 막히지. 그 큰 바다 다 건너서 여기까지 왔는데."

후쿠다는 자신을 보며 웃던 앳된 얼굴을 잊지 못했다. 그 여자는 스물도 안 된 나이에 벌써 '첩' 소리를 듣고 있었다. 조선말을 몰라 시어머니와 본처에게 구박받았다. "살 수가 없지. 나 같아도 못 살았을 거야. 결국 자살했어. 그렇게 살다 죽은 일본 여자들 많이 봤어. 목매달아 죽고, 물에 빠져 죽고."

광복 이후 반일감정이 컸던 조선에서 재한일본인 처들은 가해자인 일본 국민이라는 이유로 '죄인'의 삶을 살았다. 동네 사람들은 후쿠다를 '쪽발이' '왜년'이라고 불렀다. 그는 매일같이 울었다. 그렇게 울다가 남편에게 방망이로 머리를 맞았다. 일본에서 주고받은 숱한 사랑의 말이 무색했다. 남편은 너무도 쉽게 변했다. 시댁에서도 처음에는 잘해줬지만 남편이 죽은 후에는 태도가 돌변해 집에서 쫓겨나는 경우도 많았다. 우치다 나미 경우는 제사 등을 함께 지낼 정도로 시댁 식구들과 친하게 지냈는데 남편이 1964년에 사망하자 갑자기 서먹서먹해졌고, 결국에는 시형제가 한국말을 읽고 쓸 줄 몰랐던 우치다를 속여 남편이 남겨준 땅을 모두 빼앗아갔다. 결국 집을 나와 이 일 저 일을 하면서 살게 되었다.[29]

물론 이는 전적으로 가족에게만 문제가 있었던 것은 아니다. 한국 사회의 일본인을 보는 눈이 좋지 않아 '쪽발이' '왜놈'이라는 욕설을 일상적으로 들었고, 때로는 폭행을 당하기도 했다. 그런 시선에서 벗어나기 위해 일본인임을 숨기고 생활했던 사람도 많았다. 또 그 시선은 일본인 여성 본인뿐만 아니라 일본인 여성을 아내로 둔 남편이나 그 가족에게도 미쳤다. 일본인을 아내로 두고 있다고 해서 한국인 남편이 경찰에 연행되어 '친일파'라고 구타를 당했다고 한다.[30] 또한 구니타 후사코는 이승만 시대에 경찰서에 불려가서 경찰에게 일본인 처는 일본으로 돌아가라는 말을 들었다. 구니타는 따르지 않았지만 같이 불려간 일본인 아내 중에는 어쩔 수 없이 남편과 헤어져 귀국한 사람도 있었다고 한다.[31]

여기에 한국전쟁으로 인한 피난 생활과 빈곤, 자녀의 사망 등으로 인해 남편의 모습이 변하는 일도 잦았다. 해방 이후 한국전쟁 그리고 휴전과 지도자와 가치관, 사회 분위기가 크게 바뀐 격동의 시

---

29 山本かほり, 前揭論文.
30 伊藤孝司 「『內鮮一体』政策の果て」 『ヒューマンライツ』, 1996年 1月号.
31 北出明(2009) 『釜山港物語: 在韓日本人妻を支えた崔秉大の八十年』, 社会評論社.

대에 여러 가지 것을 잃어버린 남성들은 일본인에 대한 비판적인 시선을 함께 받기보다는 아내에게 폭력을 행사하거나 아내를 버리는 것을 선택한다. 후쿠다 마사코(福田政子)의 남편은 주사가 심했다. 남편은 술에 취해 자거나 깨어나면 자신을 구타했다고 한다.[32]

다카다 노부코(高田信子) 1956년쯤부터 남편이 도박에 빠져 애인을 만들어 집을 나가 버렸다. 그 후로도 남편에게 몇 번이나 속아 성매매를 알선하는 사람에게 팔아 넘겨질 뻔하거나 식당 경영으로 모은 돈을 빼앗길 뻔한 적도 있었다. 결국 남편과 헤어져 1961년 딸과 둘이서 길을 가다 쓰러졌는데 그때 도움을 준 남자와 재혼을 하게 된다.[33]

그러나 일부분이기는 해도 조선으로 이주한 일본인처가 별 어려움 없이 생활을 한 경우도 있다. 이 경우 대부분은 조선인 배우자가 원래부터 상류층 가정에서 자란 엘리트 계급이라는 특징을 보인다.

그러나 많은 일본인처들의 생활은 비참했다. 해방 이후 한국 사회의 혼란 속에서, 한국전쟁 통에, 그리고 전쟁 후의 황폐 속에서 한국 여성이라도 남편과 사별하거나 행방불명이 되면 여자 몸으로 생계를 꾸려나가는 것이 여간 곤란한 일이 아니었는데 하물며 말도 통하지 않는 이국땅에서 그녀들의 삶이 어떠했을지는 충분히 짐작하고도 남는다. 한국말도 제대로 못하고 게다가 한국 사회의 뿌리 깊은 반일감정 탓에 일본인 여성들이 할 수 있는 일은 극히 한

---

32 伊藤孝司「年老いて傷あとなお深く」『毎日グラフ』1992年 2月 16日号.

33 上坂冬子, 前掲書.

정되어 있었다. 식모살이나 행상, 혹은 식당 등에서 허드렛일을 하면서 하루 벌어 하루 먹는 생활을 할 수밖에 없었다. 일본과의 국교가 단절된 탓에 가족과의 왕래도 불가능했으며 일본 정부의 지원을 받을 수도 없었다. 한국 정부의 지원은 언감생신이었다. 시댁과의 관계가 단절되었을 경우 그녀들은 고립무원의 처지가 될 수밖에 없었다.

혹 같은 처지의 일본인 여성들과 모여 살거나 조직을 결성해 서로 돕고 의지하며 할 수 있었다면 좋았겠지만 한국과 일본이 국교를 정상화하는 1965년 이전까지 한국에 사는 일본인들은 일본인임을 숨기고 살아야만 했기 때문에 서로가 일본인임을 알아도 서로 말을 걸거나 하지도 못했다고 한다.[34] 1963년 '재한 일본 부인회'(후에 '부용회')가 결성되었을 당시 "경찰한테 일본어를 써도 된다는 말을 들었을 때가 무엇보다 기뻤다"는 구니타 후사코의 말에서 당시 한국 사회의 반일 감정이 얼마나 심했고 그런 사회적 분위기 속에서 일본인처들이 얼마나 열악한 환경에 처해 있었는지를 가늠할 수 있다.[35]

결국 빈곤을 여성 혼자서 해결해야만 하는 상황에서 대부분의 경우 생활은 몹시 곤궁했고 제대로 된 직장도 집도 없이 여기저기를 전전하면서 살아야 했다. 자식을 포기하거나 혹은 함께 살았더라도 제대로 교육을 시키지 못했기 때문에 자녀들도 빈곤층에서 벗어나지 못하고 있는 경우가 많고 생활의 곤란은 자식들에게까지

---

34 北出明(2009)『釜山港物語: 在韓日本人妻を支えた崔秉大の八十年』, 社会評論社.
35 伊藤孝司「『內鮮一体』政策の果て」『ヒューマンライツ』, 1996年1月号.

되물림되었다.

그러던 중 박정희 정권 수립 이후 대일 외교정책에 변화가 보이기 시작하여 1961년에는 적십자사를 통한 집단 귀환이 재개되었다. 1965년 한일협정으로 한국과 일본 사이에 국교가 회복되자 1969년부터 일본 정부의 '귀환원호사업'이 시작되었고, 부산에는 임시수용소가 설치되었다. 또한 친정 나들이(일시 귀국)도 허용되어 1964년부터는 집단 귀향이 2년에 한 번 이루어지게 되었다.[36] 귀국 사업이 진행되는 가운데 서울에서 1961년 '재한 일본부인 돌봄회'가 결성되어 일본인 처의 귀국 준비가 시작되었다.

이후 한국 각지에서 생겨난 비슷한 단체가 '재한 일본 부인회'로 통합되어 1963년 한국 정부에 의해 공인단체로 인정된 후 1966년 '부용회(芙蓉會)'로 개칭되었다.[37] 지금은 회원의 사망과 고령화 등에 따른 이유로 활동이 어려워지면서 사실상 유명무실해졌지만 약 반세기 동안 활동을 이어왔다. 1972년 10월 경주에 설립된 나자레원은 귀국을 원하는 일본인처들이 일시적으로 생활하는 장소로 시작한 시설이다.[38]

---

36 小林孝行(1986)「戰後の在韓日本婦人についての基礎的硏究」『福岡教育大学紀要』 36(2).

37 2018년 현재 부용회 생존 회원은 서울 2, 부산, 경남 지역 7명, 김응렬에 의하면 1983년 당시 1,500여 명으로 추산. 「在韓日本人妻の貧困と生活不安」『社会老年学』17, 1984.

38 나자레원은 1972년 10월 1일 경상북도 경주시 구정동에 사회복지법인 '귀국자 기숙사 나자레원'으로 인가를 받아 설립되었다. 설립자는 사회복지가 김용성씨로 1971년 생활고로 인해 범죄를 저질러 대전교도소에 수감되어 있던 일본인처 두 명을 만나 것을 계기로 일본인처들을 보호할 시설이 필요하다고 생각했다고 한다. 김용성은 1950년 이래 운영중이던 성애(成愛)고아원과 민제(民濟)영로원으로 구성된 명화회(明和會)재단을 운영하고 있었는데 여기에 일

1969년 '귀환원호사업'으로 한국에서 머물러 있던 약 1,000명의 일본인처가 고국으로 귀환을 했다. 그러나 한국의 가족 사정이나 본국과의 연락 두절 등으로 귀환하지 못했던 일본인처가 그대로 한국에 남았다.

재한 일본인처의 영주 귀국이 어려웠던 이유는 무엇보다도 제국의 해체와 두 개의 전쟁, 국경의 분단으로 인한 일본과의 단절이다. 한국전쟁으로 인해 가호적 등록이 이루어졌던 한국, 전투나 공습에 의한 사망자·실종자에 대한 호적 정리가 행해지고 있던 일본, 그런 시대를 거치면서 복잡해져 버린 호적을 회복하는 것은 노력과 시간이 필요하며 호적이 갖추어지기 전에 포기하거나 건강을 잃은 사람들도 많았으리라 추측할 수 있다.[39]

그리고 오랜 세월 한국에서 한국인 아닌 한국인으로 살면서 한국은 이미 생활의 터전이 되어 버렸고, 무엇보다도 가족들을 버리고 자신만 귀국할 수는 없었다는 것이 그녀들을 한국에 머물게 했었으리라. 1960년대 이후의 귀국 시에는 가족을 동반할 수 있었던 것으로 보이나 한국에서 한국인으로 살아오면서 이미 성인이 되어 생활의 터전을 가지고 있는 아이들이 말도 모르는 일본으로 이주하는 것은 쉬운 일이 아니었을 것이다.[40]

본인처 보호시설인 나자레원을 포함시켜 명칭을 나자레원으로 개칭하였다.
39 후루하시 아야(2017.6)「在韓日本人妻の経験による歴史の捉え直し」『比較日本學』제39집, p.210.
40 후루하시, 위의 논문, p.211.

5. 맺음말

2019년 9월 17일, 어느 한 연구모임에서 지난 15년 동안 경주 나자레원에서 여생을 보내고 있던 일본인처를 앵글에 담아온 김종욱 사진작가를 모시고 일본인처의 굴곡진 삶에 대한 이야기를 들을 기회가 있었다. 2시간 남짓의 짧은 시간 동안 할머니 한 분 한 분이 살아온 인생 서사를 다 알 수는 없었지만 분명 이들도 한국과 일본의 근대사에 있어 보이지 않는 피해자라는 점에서 우리가 관심을 갖고 보살폈어야 했다는 생각이 들었다. 생존해 계신 분들도 몇 분 안 되고 모두 90이 넘은 고령이어서 머지않아 우리의 기억 속에서 사라질 것이다. 남편을 따라 이국 만리 한국 땅으로 와 모진 고초를 겪고 멸시를 당하면서도 일본인이라는 정체성을 잃지 않고, 또 한국을 사랑하는 재한 일본인처들의 삶을 기록하고 세상에 알리려 노력해온 김종욱 작가의 작업에 경의를 표하며 많은 사람들이 이 분들의 한 많은 삶에 관심을 가져주길 바랐다. 필자가 일본인처에 관심을 갖기 시작한 계기는 이러했다.

그리고 그해 10월 중순 같은 연구회 멤버들과 함께 경주 나자레원을 방문했다. 송미호 원장님으로부터 나자레원의 역사와 이곳에 살게 된 할머니들의 다양한 경우와 처지를 들을 수 있었고, 직접 세 분의 일본인처 할머니들을 만나 짧은 시간이나마 함께 시간을 보낼 수 있었던 것은 가슴 뭉클한 경험이었다.

많은 일본인 처들이 상대가 타민족 남성이라는 인식 없이 결혼한 후 남편을 따라 조선으로 건너왔고 정치적 상황에 의해 오랫동

안 일본과 단절된 채 이국땅에서 '일본인'임을 강요받으며 살아왔
다. 내선일체라는 '미명'으로 식민지민을 제국의 입맛에 맞는 색으
로 물들이려 했던 식민지주의 이데올로기는 개인의 삶 깊숙한 곳
에 파고들어 일반 민중의 삶에 큰 영향을 끼쳤다. 그러나 패망한 일
본도 해방된 한국도 이들을 돌아보지 않았다. 당사자 대부분은 이미
세상을 떠났지만 그들의 자녀들은 앞으로도 몇 세대에 걸쳐 한국과
일본에서 자신들의 모호한 정체성을 부정하면서 살아갈 것이다.

일본인처에 관한 이야기는 아직 한일 양국의 공적 기억이 되지
못하고 있다. '기억의 정치학(politics of memory)'이라는 표현에서 알
수 있듯이 '공적 기억'이란 공공의 이익, 혹은 '공공선(公共善)'을 위
해 구성과 재구성을 반복하며 만들어낸 인위적 산물이다. 식민지
기에 대한 우리의 기억은 일제의 가해성과 우리의 피해성을 강조
할 수 있는 기억만을 취사선택해 왔다. 그러면서 여성의 인권운동
으로 시작한 일본군 위안부 문제는 우리가 기억해야 할 중심 서사
가 되었고 재한 일본인처에 대한 문제는 철저히 외면했다. 이제 우
리는 역사와 제대로 마주해야 한다. 우리가 역사의 피해자에 주목
하고 이를 기록해야 하는 것은 똑같은 일이, 고통이 반복되지 않기
를 바라기 때문이 아니겠는가. 재한일본인 처의 '서사'를 우리의,
그리고 일본의 근대사의 한 단면으로 기록해야 하는 이유가 바로
여기에 있다. 이를 통해 더 늦기 전에 그녀들의 넋이나마 '주체화'
할 수 있을 것이다.

| 참고문헌 |

上坂冬子(1999)『慶州ナザレ園: 忘れられた日本人妻たち』, 中公文庫, 1999(初版은
　　　中央公論社, 1982)

金應烈(1984)「在韓日本人妻の貧困と生活不安」『社会老年学』17.

金應烈 (1996.12)「在韓 日本人妻日의 生活史本」『한국학연구』8.

小林孝行 (1986)「戦後の在韓日本婦人についての基礎的研究」『福岡教育大学紀要』
　　　36(2).

伊藤孝司(1996)『日本人花嫁の戦後: 韓国・慶州ナザレ園からの証言』, LYU工房.

伊藤孝司(1996)「『内鮮一体』政策の果て」『ヒューマンライツ』, 1996年1月号.

가세타니 도모오(1994)「在韓日本人妻의 形成과 生活適應에 關한 硏究: 生活史硏
　　　究를 中心으로」, 고려대학교 석사학위논문.

山本かほり(1994)「ある在韓日本人妻の生活史: 日本と韓国のはざ間で」『女性学評論』8.

김응렬(1996)「在韓 日本人妻의 生活史」『한국학연구』8.

金英達(1999)「日本の朝鮮統治下における「通婚」と「混血」「内鮮結婚」の法制・統計・
　　　政策について」『紀要<関西大・人権問題研究室>』

최석영(2000)「식민지 시기 '내선결혼'장려 문제」『일본학연보』제9집.

김택현(2003)『서발턴과 역사학 비판』, 박종철출판사.

村上加良子(2008)『ナザレ愛』, 喜田寛総合研究所.

北出明 (2009)『釜山港物語: 在韓日本人妻를 支えた崔秉大의 八十年』, 社会評論社.

가야트리 차크라보르티 스피박 외 지음, 태혜숙 옮김(2013)『서벌턴은 말할 수
　　　있는가?』, 그린비.

김수자(2013)「재한일본인처의 경계인으로서의 삶과 기억의 재구성」『이화사
　　　학연구』46.

김종욱(2014)「근대기 조선 이주 일본인 여성의 삶에 대한 연구」, 경주대학교 박
　　　사학위논문.

이토 히로코・박신규(2016.1)「잊혀진 재한일본인처의 재현과 디아스포라적
　　　삶의 특성 고찰」『日本近代學研究』제51집.

이정선(2018.6)「'내선결혼'한 일본인 여성의 조선 이주와 가족생활: 일제시기
　　　의 경험을 중심으로」『여성과 역사』28.

후루하시 아야(2017.6)「在韓日本人妻의 経験による歴史の捉え直し」『較日本學』제39집
　　　　　　　　　(2019)「'내선결혼'의 불/가능성 - '내선결혼'담론을 통한 일제의
　　　식민지 통치방식에 관한 연구」, 중앙대학교 박사학위논문.

일본 다문화공생 이념의 논리와
상생으로의 전환

김 경 희

1. 머리말

코로나 바이러스 감염증-19(COVID-19)의 세계적 유행으로 국가
간 인구의 이동이 제한되고 있다. 일본은 코로나 바이러스가 확산
되기 이전에 만성적인 노동력 부족의 원인을 해소하고자 새로운
체류자격을 만들어 외국인들의 수용을 크게 허용하기로 하였다.
2020년 7월 개최 예정이었던 도쿄 올림픽을 앞두고 부족한 노동력
을 해결하기 위한 대책으로 외국인 근로자의 체류자격을 바꾸기로
한 것이다. 현재는 코로나 바이러스 사태로 인해 사람들의 이동과
이주가 어려운 상황이지만, 코로나 사태가 종식된 이후에는 외국

인을 적극적으로 수용하는 방향으로 돌아갈 것이 예상된다.

외국인 이주민을 받아들이는 데에는 국가의 정책뿐만 아니라 그 사회의 기존 구성원들의 인식 변화가 무엇보다도 중요하다. 일본은 낯선 이들을 이웃으로 받아들일 준비가 되어 있는 것일까. 일본 내각부 정책의 기본방침인 '공생사회'는 과연 어떻게 진행되고 있는 것인지 검토가 필요해 보인다. 어린이·고령자·장애인·외국인 등 모든 사람이 지역에서 일상생활을 누리며 삶의 보람을 함께 만들어가는 '지역공생사회'의 실현은 어떻게 가능한 것일까. 일본 총무성이 다문화공생에 관한 개념과 주요 골자를 공시하고 그에 따른 다양한 정책이 시행되고 있음에도, 다문화공생을 둘러싼 연구에서는 다양한 비판적 논의가 전개되고 있는 것이 사실이다. 필자 또한 일본 사회가 언어와 인종과 문화가 서로 다른 사람들이 '함께 살아가는(共に生きる)' 공생사회인가에 대해서 의문을 갖고 있다. 다문화공생의 개념은 다양한 문화의 외국인들과 함께 더불어 살아가고자 하는 의미를 담고 있지만, 그 외국인이라는 대상에는 역사적으로 주류집단에 속하지 못하고 차별을 받아왔던 일본사회 내부의 타자들을 고려하지 않을뿐더러 일본 공생이념의 논리가 그들을 오히려 분리시키고 배제하는 결과로 작동하고 있다고 생각되기 때문이다. 이러한 일본의 다문화공생사회에 대해 살펴보는 것은 빠르게 다문화사회로 이행하고 있는 한국 사회에도 유효한 논의가 되리라 생각한다.

이 글에서는 일본 다문화공생사회의 '공생(共生)'의 이념에 주목하여 비판적 입장에서 공생의 논리에 대해 검토하고자 한다. 이를

186

위해 우선 다문화공생에 관한 선행연구 검토를 통해 비판적 논의
에서 어떠한 점들이 문제점으로 지적되었는지를 살펴본다. 다음으
로 일본 사회 다문화주의의 역사적 배경을 개관하고 일본 다문화
사회의 특징을 정리하여 공생과 결합하게 된 경위에 대하여 파악
한다. 공생 논리의 비판적 검토를 통해 차별과 배제와 자기동일성
등의 주체 의식이 작동하고 있음을 지적하면서 이러한 문제점의
해결 방안에 대해 생각해보고자 한다.

2. 선행연구 – 이론적 배경 고찰

일본 사회의 다문화공생에 관하여는 다문화주의, 다문화공생,
다문화공생 정책, 다문화공생 교육 등에 대한 사례연구와 정책 내
용 등에 관한 연구가 주를 이루며 전개되어왔다. 그러한 선행연구
가운데 다문화공생에 관한 이론적 연구[1]를 중심으로 비판적 논의
들에 주목하여 어떠한 점들이 문제점으로 지적되어왔는지를 살펴
보고자 한다. 비판적 논의의 쟁점들을 몇 가지로 정리해보면, 첫째,
공생사회 속에서 작동하는 주체와 타자의 고정적인 관계에 주목한
논의와 둘째, 공생정책을 통해 일어나는 분리와 배제의 문제, 또한
공생이 불평등의 문제들을 은폐시키고 있다는 지적, 그리고 세 번

---

1 권숙인은 일본에서 진행되고 있는 일본의 다민족 · 다문화적 상황에 대한 기존
  연구를 리뷰하면서 '다문화 일본'에 대한 연구가 좀 더 이론 지향적이고 주제 중
  심적으로 진행될 필요성에 대해 제언한 바 있다. (권숙인(2009) 「일본의 '다민
  족 · 다문화화'와 일본연구」 『일본연구논총』 제29호, pp. 197-198)

째로 공생의 용어가 지닌 문제점을 지적하는 논의들이다.

먼저 공생사회를 이루는 구성원들의 주체와 타자라는 관계에 주목한 연구로서 하나사키 고헤이(花崎皐平)의 논고를 살펴보자. 하나사키는 오늘날 일본에서 시민운동이라고 할 수 있는 시민 연대적 투쟁운동[2] 과정에서 '공생'에 대한 본질적인 질문을 통해 공생의 철학을 확립한 사상가이다. 그는 1989년 아시아의 민중활동가들이 모인 '피플즈·플랜 21세기·국제민중행사'가 단서가 된 홋카이도에서 열린 '세계선주(先住)민족회의[3]'에 참여하면서 자각하게 된 공생의 철학사상을 책[4]으로 출판한다. 공생 사상에 관한 주요 내용을 간략히 살펴보면, 인간이 가진 정체성이 자기동일성으로 이해될 때에 자신과 타인과의 관계를 살펴보는 것이 중요하다. 자기동일성이란 기본적으로 자신을 기준으로 생각하는 사고이므로 타자인 상대방이 기준이 되는 일은 없다. 그렇게 자기중심적 사고를 하게 되면 어느 지점부터는 상대를 지배하려는 식민화가 일어나게 된다. 이것을 일본이라는 나라에 대입시켜본다면, 일본이 가진 고유함으로 대변되는 획일적이고 고정된 아이덴티티를 지향하는 것

---

[2] 하나사키 고헤이는 베트남 반전운동으로부터 반제국주의 투쟁, 대학과 시민사회에 대한 비판과 고발 투쟁, 공해와 개발에 반대하는 지역주민들과의 투쟁, 일상생활의 균질적인 전환과 환경방위의 시민운동, 아시아 민중들의 얼굴이 보이는 연대의 운동들에 참여해온 사회운동가이다. (花崎皐平(2001)『[增補]アイデンティティと共生の哲学』, 平凡社, p.15)

[3] 아이누 민족을 호스트로 하여 세계 각지의 선주민족 20여명을 초청하여 그들의 경험과 역사를 공유하며, 문화 교류를 통해 공통의 이념과 과제를 밝히는 목적으로 8일 간 진행되었다. (花崎皐平, 앞의 책, p.16)

[4] 하나사키의 공생 사상에 대한 논저 가운데 그의 철학 사상을 엿볼 수 있는 저서로는『アイデンティティと共生の哲学』(平凡社, 1993 ; 增補版, 2001)과『共生への触発—脱植民化·多文化·倫理をめぐって』(みすず書房, 2002)을 들 수 있다.

이 아니라 다민족, 다문화의 비집권적인 정치·문화사회를 추구해
가야 할 것[5]을 피력한다. 또한, 그는 주류집단과 소수자집단과의 공
생관계에서 무엇보다 주류집단의 기득권과 권리를 해체할 것을 주
장한다. 1980년대 이후로 일본의 언론계나 광고계에서 '공생'이란
용어가 붐을 일으키며 캐치프레이즈로서 사회적으로 범람하게 되
었지만, 그러한 현상은 마치 상품에 미적 효과를 넣어 이미지로서
의 공생을 유통시키는 것과 같으며, 공생이 내포하는 고통의 측면
과 현실의 모순에 맞서 싸워야 하는 현장의 투쟁하는 측면을 분리
시키는 작용을 하고 있다[6]는 것이다. 전후 일본이 지향해온 국민국
가를 해체하고 진정한 공생의 원리를 기초로 한 정치체제로 전환
할 때 비로소 일본국가와 일본기업이 저지른 범죄의 공범자 위치
를 끝낼 수 있다.[7] 이러한 하나사키의 사상과 일본 사회를 향한 그
의 지적은 공생사회의 실현을 위해 근본적으로 변화되어야 할 부
분을 지적하며, 공생사회를 표방하는 일본 사회에 매우 유의미한
관점을 제시하고 있다.

---

5 花崎皋平, 앞의 책, p.310.
6 花崎皋平(2002)『共生への触発―脱植民化·多文化·倫理をめぐって』, みすず書房, pp.128-132.
하나사키는 일본 사회가 '공생' 윤리로 실현되는 방향과는 반대의 방향으로 진
행되고 있으며, 부정의(不正義)와 후패화(腐朽化)의 양상을 심화시키고 있다고
지적한다. 그에 대한 정치과정에서 살펴볼 수 있는 사례로서, '종군위안부'의
고발이 이어짐에도 일본 국가가 사죄를 거부하고 있는 점이나, 시민들이 중심
이 되어 '종군위안부문제'의 교과서 기술에 반대하는 운동을 조직하여 지방자
치체회의에 요청결의안을 제출한 것, 오키나와 주민들의 미군기지 축소요구에
대해 여전히 돈뭉치로 해결하려는 태도, 일본 젊은 층에 민중운동이나 정치참
여에 대한 냉소주의가 확대되고 있는 점 등을 들고 있다.
7 花崎皋平(2002), 앞의 책, p.73.

두 번째로 공생정책을 통해 오히려 분리와 배제가 일어나고 있으며 그러한 공생이 불평등을 은폐시키고 있다는 지적으로는 요네야마 리사(米山リサ), 우에노 치즈코(上野千鶴子), 히구치 나오토(樋口直人), 최병두, 라의규(羅義圭)의 논고를 살펴본다. 요네야마는『폭력·전쟁·전후보상-다문화주의의 폴리틱스(暴力·戰爭·リドレス―多文化主義のポリティクス)』에서 일본이 다문화사회를 표방하면서도 실제로 공생 실현의 부담을 지우는 것은 사회적 소수자들이라고 지적한다. 그에 대한 예로서, 재일외국인(在日外国人)이 일본 이름을 쓰고 생활하는 한, 일본 사회와 문화 속에서 다원성(多元性)이 문제되는 일 또한 없다. 공생은 비일본인(非日本人)이 일본에서 살아가는 일상 속에서 직면하는 공통문화의 규범에 동화되어야 하는 강제성을 은폐하고 있으며, 그것에 대한 일본인의 무관심이 문제가 되는 일 또한 없다는 것이다. 그러나 만약 비일본인이 자신의 민족 이름을 사용하거나 종교적 관습의 차이를 주장하는 순간 모든 것은 달라질 수 있다. 소수자와 일본인과의 '공생'은 화두가 되고, 그러한 관계 속에서 '공생'을 이뤄야 하는 부담은 사회적 소수자에게 지워져 있다. 주류집단의 공동가치가 상대화되고 위협받는다고 느껴질 때 그러한 사회문제의 해결책으로 제시되어 온 다문화주의는 주류집단이 사회적 소수자들에게 보여주어야 하는 '관용'과 '온정'의 태도로 상징되어 온 측면이 있다는 점을 지적하고 있다.[8]

우에노는 다문화공생의 '공생' 속에 일종의 분리주의가 포함되

---

8 米山リサ(2003)『暴力·戰爭·リドレス―多文化主義のポリティクス』, 岩波書店, pp. 17-19.

어 있다고 지적한다. 다문화주의가 문화적 배경이 서로 다른 사람들이 공존한다는 정책임에도 불구하고, 그것이 오히려 사회집단의 사회이동을 방해하는 결과를 초래하고 있는 점에서 공생의 논리를 검토할 필요가 있다. 특히, '사회적 배제'라는 개념을 통해 사회적 약자들이 세대적 재생산을 통해 계층격차를 고정해가는 경향을 띤다[9]고 지적한다.

히구치는 일본에서 다문화공생이 연구의 영역에서뿐만 아니라 행정기관이나 현장 활동가들에 의해서 적극적으로 사용하게 되었음에도 불구하고, 그 개념과 함의에 대한 전문적인 검토가 미흡했으며, 공생개념이 역사적인 경위를 은폐하고 있다고 지적한다. 그런 점에서, 이민 연구나 에스티니 연구의 관점에서 다문화공생 개념을 검토할 필요가 있다.[10] 최병두는 일본의 다문화사회로의 전환이 사회적 과정일 뿐만 아니라 지리적, 공간적 과정으로도 전개되는 점을 지적하며, 외국인 이주자들의 출신과 유입 유형에 따라 지역별 분화가 동반되는 것에 주목한다. 일본의 다문화공생 정책은 대체로 일계인의 유입이 많은 지자체에서 우선적으로 전개되는데, 주로 문화적 측면을 강조하여 결국에는 외국인 이주자를 통제하는

---

9 우에노는 이 논리를 설명하기 위해 일본에서 열렸던 가야트리 스피박의 강연 내용을 인용하고 있다. 스피박에 따르면, '서발턴'은 최하층민을 가리키는 용어로서 사회이동으로부터 절단된 사람들, 능력 여하에 불문하고 사회적 자원의 평등 배분에 속하지 못하는 사람들이다. (上野千鶴子(2008)「共生を考える」, 朴鐘碩・上野千鶴子他著, 崔勝久・加藤千香子編『日本における多文化共生とは何か-在日の経験から』, 新曜社, pp.212-213)
10 樋口直人(2010)「多文化共生」再考—ポスト共生に向けた試論—『大阪経済法科大学アジア太平洋研究センター年報』(7), p.5.

전략적 성격을 내포하고 있다.[11] 라의규는 최근 논고를 통해 단일민족의 슬로건을 내세운 일본 사회 속에는 동일화를 강요당하며 보이지 않는 내부의 타자로서 자신의 존엄을 박탈당한 채 살아온 역사적인 존재들이 있음을 지적하였다. 동일성에 대한 환상이 있는 공생사회에 자신을 안정된 세계로 끌고 가려는 욕망으로 인해 강한 배제와 편견이 작동한다고 비판하였다.[12]

세 번째로 공생의 용어에 대한 비판으로는 나카무라 히로시(中村廣司), 구리모토 에이세이(栗本英世)의 논고가 있다. 나카무라는 다문화공생의 용어가 가진 이데올로기성을 문제로 지적하였다. 원래 생물학적 용어인 '공생'의 의미는 '상리공생(相利共生)' '편리공생(片利共生)' '기생(寄生)'의 세 가지로 구분되는데, 일본의 공생개념은 다문화주의와 동떨어진 동화정책을 취해왔다는 점에서 외국인에게 불이익이 되는 기생·편리공생이라고 비판한다. 그리고 그러한 의미를 대신하는 것으로 '상생'이라는 용어를 제안한다.[13] 한편, 구리모토는 공생하는 것은 다양한 문화가 아닌 다양한 민족이라고 명시할 것을 주장한다. 다문화공생에서 문제가 발생할 경우, 그것이 문화의 문제로 수렴될 소지가 있다는 점에 주의를 촉구한다. 일본

11 최병두(2011)「일본의 다문화사회로의 사회공간적 전환과정과 다문화공생 정책의 한계」『한국지역지리학회지』17(1), 17-39.
12 羅義圭(2020)「日本社会で「多文化主義」を考察する意義」『筑紫女学園大学研究紀要』15号, pp.69-81.
13 中村廣司「戦後の在日コリアン政策を通して見る日本の「多文化共生」イデオロギー－教育政策と市民運動を中心に－」『日本言語文化』27집, 한국일본언어문화학회, 2014, pp.630-631:「日本の「多文化共生」概念の批判的考察」『日語日文学研究』91집, 한국일어일문학회, 2014, pp.411-414

이 '다민족공생'이라는 용어를 사용하지 않는 것은 스스로 다민족 사회로 인정하는 것을 우려하기 때문[14]이다. 이러한 관점들은 다문화공생에서 발생하는 집단 간의 권력 관계나 마이너리티(minority) 집단의 권리요구에 관한 문제들이 정치적 문제가 아닌 문화의 문제로 인식되어버릴 수 있다는 점에 주목한다.

그 밖에, 시오바라 요시카즈(塩原良和)는 현대 일본의 다문화공생 슬로건이 일본어가 자유롭지 못한 뉴 커머(new comer)[15] 외국인 주민들에 대한 지원과 서로 다른 문화를 가진 사람들에 대한 관용으로 한정되기 쉬우며, 1990년대 이후에 나타난 새로운 사회적 과제로 간주되고 있다고 강조한다. 패전 후의 일본 사회에서 일본인에 의한 재일코리언, 아이누 민족, 오키나와인에 대한 오리엔탈리즘의 시선은 현재도 계속되고 있다는 지적이다. 이러한 오리엔탈리즘은 단순한 차별과 편견의 문제가 아닌 사람들에게 그러한 의식을 갖게 하는 언설과 그것을 형성한 역사, 그리고 사회구조의 문제이며, 뉴 커머 외국인들 또한 다문화공생의 이름 아래 일본인들보다 열등한 존재로서 오리엔탈리즘 언설에 수렴되고 있다고 비판한다.[16]

앞에서 검토한 논고들을 통해, 일본 사회가 표방하는 다문화공생이 여러 문제점을 내포하고 있음을 알 수 있다. 낯선 이들과의 공생사회에서 주체와 타자로서의 공생관계가 고정적으로 작동한다

---

14 栗本英世(2016)「日本的多文化共生の現秋と可能性」『未来共生学』第3号, pp.76-77.

15 1990년을 전후로 일본 땅에 건너 온 사람들로서, 일반영주자들을 가리킨다.

16 塩原良和(2019)「分断社会における排外主義と多文化共生―日本とオーストラリアを中心に―」『クァドランテ』21, 東京外国語大学海外事情研究所, pp.107-120.

는 점과 다문화공생이 가시화시키는 것과 은폐시키는 것들에 대해 주목할 필요가 있다. 이러한 점에 주의하면서 다음 장에서는 일본 다문화사회의 형성과정과 특징을 파악하여 공생과 결합하게 된 경위에 대하여 살펴보고자 한다.

3. 일본 다문화공생의 형성배경과 특징

1) 단일민족국가의 신화

일본 다문화주의의 형성을 살펴보기 위해서는 일본 사회가 지향하고 있는 동질성에 대해 이해할 필요가 있다. 동질성은 자주 정체성으로 표현되는 점에서, 기실 일본은 단일민족국가라는 신화를 정체성으로 삼아 근대국민국가를 형성해왔다고 할 수 있다. 이를 대변해주듯, 일본 정부의 유력 정치인들에 의한 일본은 '단일민족국가'라는 발언이 끊이질 않은 점을 들 수 있다. 1986년 9월 당시 일본 내각 총리였던 나카소네 야스히로(中曽根康弘)가 자민당 전국연수회에서 "일본은 단일민족국가여서 교육수준이 높다"는 취지의 발언으로 국내외로 물의를 일으킨 것은 잘 알려진 사실이다.[17] 또

---

17 "미국은 다민족국가여서 교육이 쉽지 않아 흑인, 푸에르토리코, 멕시칸 등의 지적 수준이 높지 않다. 일본은 단일민족국가여서 교육이 충실히 행해지고 있다."는 발언이다. 이에 대하여 미국 내에서 거센 반발이 일어나자 나카소네는 자신의 발언을 철회했지만 '일본=단일민족국가'라는 등식까지 철회한 것은 아니었다.

한, 2005년 당시 총무상이었던 아소 다로(麻生太郎)는 "하나의 문화, 하나의 문명, 하나의 민족, 하나의 언어를 가진 나라는 일본밖에 없다."[18]고 발언해 홋카이도(北海道) 등지에서 오래전부터 먼저 정착해 살아온 아이누족의 우타리(ウタリ)협회로부터 항의를 받은 바 있다. 그런데 그는 최근까지도 같은 취지의 발언을 되풀이하고 있다. 2020년 1월 13일 일본 부총리 겸 재무대신인 아소는 후쿠오카현(福岡県) 국정보고회에서 2019년 일본에서 열린 럭비월드컵에서 여러 나라 출신 선수들이 뭉친 일본 대표팀의 활약을 언급하면서 일본이 단일 민족국가임을 강조하는 발언을 했다. 또 다시 "2 천년의 긴 세월에 걸쳐 하나의 언어, 하나의 민족, 하나의 왕조가 이어지고 있는 나라는 여기(일본) 밖에 없으니, 좋은 나라"[19]라고 말해 논란이 되었다.

이러한 예들은 유명 정치인들의 실언이나 망언으로 볼 수도 있겠지만, 일본이 아이누, 류큐, 재일조선인 등 다양한 민족이 공존해온 역사를 가진 나라라는 점을 잊어서 하는 발언은 아닐 것이다. 그런데도 같은 취지의 발언이 이어지고 있는 것은 국가 정체성에 대

---

http://h21.hani.co.kr/arti/world/world_general/32338.html(검색일: 2020.6.15)

18 2005년 10월 15일 후쿠오카현(福岡県) 다자이후시(太宰府市)에 있는 규슈국립박물관(九州国立博物館) 개관식 축사에서 이 같은 발언을 하였다.
https://web.archive.org/web/20051018033046/http://www.asahi.com/politics/update/1016/001.html (검색일: 2020.6.15)

19 일본 정부가 2019년 5월에 홋카이도 아이누족을 선주민족(先住民族)으로 명기한 '아이누시책추진법'이 시행되고 있는 상황에서 아소 부총리의 발언은 부적절하다는 비판이 제기됐다.
https://www.asahi.com/articles/ASN1F67HDN1FTIPE00X.html (검색일: 2020.6.15)

한 환상을 갖고 있는 것으로 볼 수도 있지 않을까. 어쩌면 다양한 인종, 다양한 민족, 다양한 문화, 다양한 언어를 가진 타자들을 일본이라는 국가 속에 수렴해가려는 국가 통치의 의식을 보여주는 것이라고 할 수 있다. 여기서는 일본의 단일민족국가론에 천착하는 것은 아니므로 언급에 그치지만, 다문화공생을 표방하는 일본 사회가 타자를 받아들이는 주체로서 가진 인식의 단면으로서 이해되는 부분이다. 그러나 이러한 모습은 유력 정치인들에게서만 보이는 것은 아닌 듯하다. 2014년 2월 일본 내각부가 향후 이민을 수용할 것을 시사한 후에 비즈니스 저널(ビジネス·ジャーナル)이 일본 정부의 이민 수용 계획에 대해 찬반을 묻는 인터넷 여론 조사[20]를 실시하였다. 일반 시민 천 명을 대상으로 한 조사에서 찬성 23.1 %·반대 51.6 %·기타 25.3 %라는 결과가 나왔다. 그런데 이민 수용 확대를 반대하는 51.6%의 이유 중에는 "단일민족국가가 무너져버리는 것이 싫다", "순혈주의이기 때문에 (반대한다). 일본은 섬나라라는 국민성을 중요시하는데 외국인이 늘어나는 것은 바람직하지 않다"라는 의견들이 보였다. 섬나라라는 지정학적 특성으로 인해 일본은 이방인들과의 접촉이 많지 않았기에 동일한 문화를 이루고

---

20 2014년 2월 13일 아베 신조 총리는 중의원 예산위원회에서 노동력 부족에 대해 언급한 후, 인구 감소에 대한 대책으로서 이민 허용에 관한 질문을 받고 "우리나라의 미래와 국민 생활 전체의 문제"라고 한 뒤 국민적 논의를 거쳐 "검토해 나갈 필요가 있다"고 답변하였다. 이후 비즈니스 저널이 인터넷 여론조사 최대기관인 매크로 밀(マクロミル)을 통해 2014년 2월 27일-28일 양 일 간에 걸쳐 매크로 밀 회원 1000명(20대-60대 각 연령층 남녀 100명씩)을 대상으로 "당신은 일본의 이민 수용 확대에 찬성합니까? 반대합니까?"라는 질문의 조사를 실시했다. https://biz-journal.jp/2014/04/post_4563.html(검색일: 2020.6.17)

있는 단일민족이라는 사고가 기저에 깔려 있음을 알 수 있다.[21] 외국인 수용에 대한 국민의 심정적 우려가 커질수록 단일민족·단일문화에 대한 애착이 강화되는 면을 보인다. 그러나 실질적인 저출산·고령화라는 사회적 문제에 직면하고, 국제결혼의 증가와 이주노동자들의 유입으로 지역주민들 가운데 외국인이 늘어나면서 국가적 대응이 필요하게 된 셈이다.

2) 외국인 수용 정책

지역사회에 이주민 외국인이 유입되는 상황은 일본국가의 외국인 수용 정책에 따라 결정되는 측면이 크다. 외국인을 받아들여 지역의 주민으로서 살아가도록 실행하는 것은 지역이지만, 공생사회를 이루는 낯선 타자들의 대상을 규정하는 것은 국가이기 때문이다. 그런 점에서 일본 사회가 외국인을 수용하게 되는 과정을 살펴볼 필요가 있다.

1990년에 일본은 '출입국관리 및 난민인정법(「出入国管理及び難民認定法」)'[22]을 개정한다. 이것을 통해 일본 정부는 브라질·페루 등지

---

21 개인 블로그 등에도 유사한 의견들을 확인할 수 있다. "이민의 폐해로서, 섬나라로 일본인이라는 인종만으로 오랜 세월을 구성해 온 국가가 갑자기 다민족국가가 될 수 있는가 하는 점입니다." Net News Labo 「移民政策問題、受け入れ反対の声、メリット、デメリット」 https://netnewslabo.com/post-277/ (검색일: 2020.6.30). 岡本雅享(2019) 「多文化·多言語時代の日本研究―民族観の脱構築」, 한국일어일문학회 2019동계국제학술대회 발표집, p.5.
22 '출입국관리 및 난민인정법'은 일본에 입국하거나 일본에서 출국하는 모든 사람의 출입국에 공정한 관리를 꾀함과 동시에 난민인정 수속 정비를 목적으로 하며 흔히 입관법이라고 칭한다.(입관법 1조).

에서 온 일계인(日系人)[23] 및 그 배우자에게 합법적인 취업자격을 허용하였다. 그로 인해, 중남미 출신의 일본인 이민자 후손이 대거 입국하게 되지만, 이 개정은 외국인들을 적극적으로 수용하겠다는 의미를 담고 있는 것은 아니었다. 일본의 총무성, 외무성 등 중앙부처는 여전히 '단순노동자' 외국인의 유입을 인정하지 않는다는 기존의 노선을 고수하면서 적극적인 외국인 대책에 대해서는 회피하는 태도를 취하였다. 일계인들을 적극적으로 수용하겠다는 일본 정부의 정책은 노동력 부족을 위해 낯선 타자들을 받아들여야 하는 상황에서 일본인의 피가 흐르는 외국인이 보다 안전할 것이라는 혈통주의에 근거하여 해결하겠다는 의지로 해석된다. 이러한 과정을 통해 지역에는 문화적 배경이 다른 일본인들이 크게 늘어나게 된다.

3) 다문화공생의 등장

외국인을 주민으로 받아들이는 다문화 공생에 관한 문제는 일본의 중앙정부보다 지방자치단체가 직면하게 되는 경우가 많다. 그런 면에서 일본 정부가 다문화공생을 국가의 정책으로 시행하기 이전에 지자체를 중심으로 다문화공생이 지방정책에 추진되고 있었음을 살펴볼 수 있다. 다문화공생이 미디어에 등장한 최초의 사례로는 가와사키시(川崎市)의 예를 들 수 있다. 도쿄(東京)와 요코하마

---

23 일계인(닛케이진)은 일본 이외의 나라로 이주해 해당국의 국적 또는 영주권을 취득한 일본인 및 그 자손을 지칭한다.

(橫浜) 사이에 위치한 가나가와현(神奈川県) 북동부의 가와사키시는 전
전(戰前)부터 게이힌(京浜)임해공업지대의 발달로 노동자들의 유입이
많았고, 남부 사쿠라모토(桜本)에는 재일코리언들의 집주지역이 형
성되었다. 1970년대부터 가와사키시는 중앙정부의 외국인 통제에
저항하면서 지문날인 철폐, 차별 금지를 프로그램으로 구체화하면
서 다문화공생을 추진하기 시작한다. 그런 가운데 1988년에 재일
한국인과 조선인의 집주지역에 재일외국인과 일본인과의 교류를
돕기 위한 '가와사키시 후레아이칸(川崎市ふれあい館)'이 설립되었다.
이 후레아이칸이 중심이 되어 1991년 11월에 '오오힌 지구(おおひん
地区)²⁴ 마을만들기 협의회'가 발족하고 1993년에는 '오오힌 지구
만들기 플랜'이 시작되었다. 후레아이칸에서는 시민들을 위한 다
양한 강좌가 기획되어, 1993년 10월부터 10회에 걸쳐 「다문화공생
사회를 향하여-재일코리언문화의 뿌리를 찾다(多文化共生社会を目指し
て—在日コリアン文化のルーツを探る)—」라는 주제로 민족문화강좌가 열리게
된다. 이때의 내용이 1993년 12월 17일 아사히신문(朝日新聞) 가와사
키판에 소개되면서 '다문화공생'이 공식적으로 미디어에 등장하
는 계기가 된다.²⁵ 1996년에는 '외국인 시민 대표자 회의(外国人市民代

---

24 재일대한기독교단 가와사키교회의 이인하 목사가 '코리아타운 구상'을 위한
   회합에서 사쿠라모토(桜本)・오시마(大島)・하마쵸(浜町)를 통틀어서 제안한
   명칭이다. 오오힌지구 마을만들기협의회 발족 이후부터 사용되었다.(李仁夏
   (2006)『歷史の狹間を生きる』, 日本キリスト教団出版局, p.141)
25 다문화공생 용어가 신문에 처음 등장한 것은 1993년 1월 12일 마이니치신문
   (毎日新聞) 석간이었다. 다만, 기사 내용 중에 분과회의 주제로 소개된 '다문화
   공생'의 기사가 실제로 가와사키에서는 「多文化・価値観の共生」이었다고 한다.
   여러 연구논문에서는 다문화공생이 등장한 첫 사례로서 마이니치신문의 게재
   가 소개되고 있지만, 다문화공생의 용어가 등장한 것은 아사히신문의 사례가 정

表者会議)26'를 설치하고, 특정직을 제외한 일반직 채용에서 공무원을 일본 국적자로 제한한다는 '국적조항'을 철폐했다. 가와사키시의 예에서 볼 수 있듯이, 여기서의 공생의 문제는 올드 커머(old comer)27 외국인과 일본인과의 공생에 초점이 맞춰져 있다고 할 수 있다.

이후, 전국적으로 다문화공생이 알려지게 된 계기는 1995년 1월 한신·아와지 대지진(阪神·淡路大震災)이 발생했을 때이다. 이때를 계기로 NPO 단체와 자원봉사 활동이 활성화된 점도 주목할 만하다. 재해 발생 시에 외국인은 재해 관련 정보에 취약하거나 소외될 수밖에 없다는 사실이 알려지게 되면서, '외국인들도 같이 살아나가야 한다'는 인식이 시민들 가운데 생기면서 외국인들을 지원하는 활동이 늘어나기 시작했다. 이후 고베(神戸)에서는 시민들이 중심이 되어 외국인 재난 피해자들에게 다양한 언어로 정보를 제공하던 '외국인 지진 정보센터(外国人地震情報センター)'가 기반이 되어 10월에 '다문화공생센터(多文化共生センター)'를 설립하게 되면서 일본 전역에 '다문화공생센터'가 확산되었다.28

확하다고 할 수 있다. (山根俊彦(2017)「「多文化共生」という言葉の生成と意味の変容—「多文化共生」を問い直す手がかりとして」『常盤台人間文化論叢』3, p.145)

26 '외국인 시민 대표자 회의'는 가와사키시에 살고 있는 외국인들이 공모와 추천에 의해 회의체를 구성하여, 그들의 생활문제를 비롯하여 해결되어야 할 제반 문제들을 토의하고, 그 결과를 시장에게 보고하여 시장이 다시 의회에 보고하는 방식을 취한다. (이시재(2003)「일본의 외국인 지방자치 참가문제의 연구: 가와사키시의 외국인시민 대표자회의의 성립 및 운영과정을 중심으로」『국제·지역연구』12권 1호, pp.21-22)

27 일본의 식민지정책의 결과로 전쟁 이전부터 일본 땅에 살고 있는 사람들과 그 자손들로서, 한국, 북한 국적자와 타이완 국적자가 이에 해당한다. 일본에서는 일반적으로 특별영주자를 가리킨다.

28 외국인 대상의 시책들이 개선되는가 하면, 재난 발생 시 피난 정보를 여러 언어로 번역하여 배부하는 등의 움직임들이 현재도 계속되고 있다.

4) 중앙정부의 다문화공생 정책

국가적으로는 2000년에 법무성이 고지한 제2차『출입국관리기본계획(出入国管理基本計画)』(法務省告示第119号)에서 외국인을 수용함으로써 "일본인과 외국인이 기분 좋게 공생하는 사회 실현을 목표로 하는 것(日本人と外国人が心地よく共生する社会の実現を目指していくもの)[29]"이라는 문장을 통해 외국인과 공생하는 사회 실현을 명시하고 있다.

이후, 중앙정부 차원에서의 다문화공생에 관한 정책으로는 2005년 총무성에서 '다문화공생 추진에 관한 연구회(「多文化共生の推進に関する研究会」)를 발족하여, 2006년 3월에 '다문화공생 추진에 관한 연구회 보고서-지역의 다문화공생 추진을 향하여(多文化共生の推進に関する研究会報告書一地域における多文化共生の推進に向けて)'[30]를 제출하였다. 그리고 이어서 '지역의 다문화공생 추진 플랜(地域における多文化共生推進プラン)'[31]이라는 지침에 따라 각 지자체가 지역의 실정과 특성에 기초해 다문화공생 시책을 실시하도록 요청하였다. 「다문화공생 추진에 관한 연구회 보고서」에 따르면, 다문화공생은 "국적이나 민족 등 서로 다른 사람들이 상호 문화적 차이를 인정하고, 대등한 관계를 맺어가면서 지역사회의 구성원으로서 함께 살아가는 것"[32]으로 정의하

---

29 앞으로의 출입국관리 행정은 사회의 안전과 질서를 유지하면서 인권 존중의 이념 아래 사회의 요구에 부응하는 외국인의 수용을 추진함으로써 사회의 바람직한 모습의 실현에 기여하고 또한 일본인과 외국인이 기분 좋게 공생하는 사회 실현을 목표로 하는 것이다. (『出入国管理基本計画』法務省告示第119号)

30 総務省(2006) 「多文化共生の推進に関する研究会報告書一地域における多文化共生の推進に向けて」, pp.1-48

31 総務省(2006) 「地域における多文化共生推進プラン」, pp.1-11

고 있다. 총무성이 제시한 다문화공생의 기본 개념은 지방자치단
체가 계획하고 실행하는 지침에도 주요 골자로 적용되는 형식이
다. 또한, 총무성은 지역의 다문화공생 과제에 대하여 커뮤니케이
션 지원(コミュニケーション支援)・생활지원(生活支援)・다문화공생의 마을만
들기(多文化共生の地域づくり)의 3가지 관점과 다문화공생 추진체제의 정
비(多文化共生の推進体制の整備)를 축으로 추진전략을 제시하였다. 이후
일본에서는 다문화공생사회가 글로벌화의 영향을 상징하는 키워
드로 인식되어 간다. 노동력 부족에 의한 외국인 노동자의 이민을
허용하는 것은 저출산에 대처하기 위한 국가 수준의 대책이 되지
만, 실제 다문화공생사회 정책은 지역사회의 외국인을 중심으로
전개되어 간다는 점에 대해서는 뒤에서 좀 더 살펴보기로 한다.

　이후, 정부는 고령화사회 진행에 따른 노인 돌봄의 일손 부족으
로 인한 개호(介護)[33]문제에 대처하기 위해 2008년부터 EPA(Economic
Partnership Agreement) 협정을 토대로 필리핀・인도네시아로부터 외국
인 간호사를 개호복지사 후보자로 수용하기로 한다.

　최근에 와서는 전술한 바와 같이 2018년에 정부는 단순노동자
를 수용하지 않는다는 기본방침을 유지하면서도 국내 산업적 요구
가 큰 건설업 등 14개 업종에 대한 외국인 체류자격을 신설하였다.
출입국관리법(입관법) 개정에 따라 2019년 4월부터 특정기능을 가
진 외국인의 일본 국내 활동을 인정한 것이다. 체류자격 중 특정기

32　総務省(2006)「多文化共生の推進に関する研究会報告書」, p.5
33　개호는 환자나 노약자 등을 곁에서 돌보는 것을 가리킨다. 개호 복지에는 돌봄,
　　수발, 간병, 보호, 케어 등이 있다.

능 1호는 14개 업종에 상당 수준의 지식과 경험을 가진 자가 최장 5년까지 체류할 수 있는 자격으로 가족 동반은 허용되지 않는다. 그에 비해 특정기능 2호는 부족한 인력을 확보해야 하는 건설업과 조선업 분야에 숙련된 지식과 경험을 가진 자를 대상으로 체류 기간의 기한이 없이 갱신이 가능하고 가족 동반을 허용한다. 이에 대해 자민당 내부와 일부 언론에서는 사실상의 이민정책이라는 견해를 피력했는데, 이에 대해 정부는 경제 사회 기반의 지속가능성을 확보하기 위해 필요한 분야에 외국인 인재를 유입한 것으로 이민정책은 아니라는 입장을 강조하고 있다.[34]

이상과 같이, 일본사회가 다문화공생을 표방하기까지의 주요 흐름을 살펴본 것에서 몇 가지 일본 다문화사회의 특징을 정리해볼 수 있다. 첫 번째는 일본의 다문화사회를 구성하는 다양한 집단들이 존재한다는 점이다. 올드 커머라 불리는 일계 브라질인, 재일조선인, 오키나와, 부락민, 아이누 등의 구성원들과 뉴 커머의 외국인들을 포함하여 일본의 다문화사회는 실로 다양한 타자들이 구성원으로 존재한다. 그러나 일본의 다문화공생에서는 일본인과 외국인으로 이분법적 구분만이 명시되어 있을 뿐, 다양한 타자들에 대한 공생의 개념은 보이지 않는다. 이 점에 대해서는 다음 장에서 좀 더 논의하기로 한다. 두 번째는 일본의 다문화공생은 국가가 외국인 수용정책에 관한 기본 가이드라인을 만들어 지방정부에 전달하면 지역에서 독자적으로 정책을 실시한다는 특징이다. 이 점은 외국

---

34 박명희 「2030 일본 이민국가로 전환할 것인가?」, EAI 워킹페이퍼, 동아시아연구원, pp.7-8.

인이 거주하는 지역사회에 공생정책의 기반을 둔다는 점에서 긍정
적으로 평가할 수 있지만, 실질적인 공생을 위해서 해결해야 할 정
치·경제적 문제들보다는 언어 교육을 비롯한 문화적인 측면이 중
심이 되기 쉽다. 세 번째는 다문화공생이 진행됨에 따라 일본 사회
의 단일민족·단일문화에 대한 신화가 더욱 강조되고 있다는 점을
덧붙일 수 있다.

4. 공생 논리의 비판적 검토

다문화공생의 담론과 정책은 실제적으로 많은 한계를 가지고 있
는 것으로 지적되었다. 그러한 공생의 논리에 대해 비판적 입장에
서 공생의 정책과 대상으로 나누어 검토해보고자 한다.

먼저 일본 중앙정부의 다문화공생에 관한 정책 이념으로서 총무
성이 2006년 3월에 발표한 「다문화공생 추진에 관한 연구회 보고
서」의 다문화공생 개념을 다시 인용해보자. "국적과 민족 등이 다
른 사람들이 상호 문화적인 차이를 인정하고, 대등한 관계를 구축
하면서 지역사회의 구성원으로 함께 살아가는 것(国籍や民族などの異なる
人々が、互いの文化的ちがいを認め合い、対等な関係を築こうとしながら、地域社会の構成員と
して共に生きていくこと)"이라고 정의하면서, "다문화공생을 추진해가기
위해서는 '일본인 주민(日本人住民)'과 '외국인 주민(外国人住民)' 모두가
지역사회를 이루는 주체라는 인식이 중요하다"고 강조하고 있다.
즉, 다문화 공생은 지역에 살고 있는 외국인들을 주민으로 받아들

여서 다양한 국적과 민족 등의 배경을 가진 사람들이 각자의 문화적 아이덴티티를 발휘할 수 있는 풍요로운 사회를 만들어간다는 의미이다. 이것은 그동안 일본 국내에 거주하는 외국인을 관리의 대상이거나 또는 지원의 대상으로 여겼던 것에서 나아가 지역의 주민으로 받아들여 공생하는 관계로 보았다는 점에서 일본의 외국인 정책의 방향을 크게 전환한 중요한 개념으로 평가[35]받고 있다.

그런데 이 문장을 좀 더 들여다보면, 상호 문화적인 차이를 인정하고 대등한 관계를 만들어가는 주체가 국적과 민족이 다른 사람들로 되어 있다는 점에 주목할 필요가 있다. 물론 여기에는 '일본인 주민'과 '외국인 주민'이 모두 포함되는 것이지만, 다시 설명해보면 다수 집단인 일본인과 차별받는 구조 속에 있는 소수자 외국인이 함께 주체가 되어 서로의 문화를 인정하고 대등한 관계를 구축해간다는 의미가 된다. 그런데 과연 사회적 약자의 자리에 있는 사람들이 주류집단의 사람들과 사회적으로 대등한 관계를 만들어 갈 수가 있는 것일까. 그리고 여기서 이야기하는 대등한 관계(対等な関係)라고 하는 것이 어떤 의미인지를 알 수 없다. 일본인 주민과 외국인 주민이 서로 대등한 관계를 만든다는 것인지, 누구와 대등하다는 것인지 그 의미가 모호하다. 또한, 대등한 관계가 무엇을 의미하는 것인지에 대해서도 언급이 없다. 그렇기에 뒤에 나오는 '지역의 구성원'이라는 표현도 실제로 어떤 권리를 가진 구성원인지 알 수가 없다. 그것은 어쩌면 대등한 관계를 지닌 지역의 구성원이 된다

---

35 정상우(2008) 「일본에서의 다문화사회 지원을 위한 조례 연구」 『외국법제연구』 Vol. 7, p.88.

는 것에 대한 구체적인 정책 이념이 없다는 것일 수도 있고, 아니면 지역에 거주하는 것을 허용하는 수준에서 구성원으로 인정한다는 것일 수도 있다. 지역 구성원으로서 대등한 관계를 가지기 위해서는 적어도 지역의 의사결정에 참여할 수 있는 권리가 주어져야 가능할 것이다. 최병두는 다문화공생의 개념이 제대로 규정되지 않은 채 모호한 상태에 있기 때문에 외국인 이주자들이 지역사회에 원만하게 정착하도록 언어 및 상담 등의 서비스를 제공하는 정도로 다문화공생이 이해될 수 있다[36]고 지적한다.

이 점과 관련하여 히구치 나오토는 브라질·페루 등지에서 온 일계인들의 경제적 불평등에 관한 고용 실태 조사를 통해, 압도적인 다수의 일계인들이 비정규직에 고용되어 있음을 지적하였다. 일본 정부는 대등한 관계 구축을 내세우면서도 외국인들의 생활 안정에 가장 중요한 노동의 문제와 불안정한 고용상태에 대해서는 무시하고 있다[37]는 비판에 주목할 만하다.

또한, 다문화공생 추진의 구체적인 정책수단을 보면, 의사소통을 위한 다양한 언어자원의 제공과, 거주와 교육, 노동, 의료, 복지, 보건, 방재 등 기본적인 생활환경의 보장이다. 이를 통해 이문화에 대한 주민의 의식계발과 외국인 주민의 자립 및 사회참여를 촉진하여 상호 교류가 활성화되도록 하는데 주안점을 두고 있다.[38]여기

36 최병두(2010)「일본 '다문화공생' 정책과 지역사회의 지원 활동」『국토지리학회지』제44권 2호, pp.145-146.
37 樋口直人(2010)「多文化共生」再考ーポスト共生に向けた試論ー『大阪経済法科大学アジア太平洋研究センター年報』(7), 3-10, p.5
38 정상우, 앞의 논문, p.88.

서 외국인 주민에게 다양한 언어자원을 제공하는 목표를 살펴보면, 일본인 주민의 의식계발과 외국인 주민과의 상호교류를 하기 위한 것으로, 결국에는 외국인들이 일본어로 소통하도록 지원하여 일본인 주민과 상호교류가 가능하도록 하겠다는 것으로 파악된다. 이 점은 외국인들의 일본어교육을 통해 주민들과 외국인들과의 불편함을 해소해 가겠다는 매우 소극적인 태도라고 할 수 있으며, 여전히 정책의 관점이 주류집단에 맞춰져 있다.

다른 하나는 앞에서 언급했던 바와 같이, 일본의 다문화공생의 특징은 중앙정부가 주요정책을 제안하고 실제 사업을 추진하는 것은 지방자치단체라는 점이다. 중앙정부 주도로 다문화정책이 전개되어 온 면이 강한 한국의 상황에서 볼 때에 지역주민들의 자발적 참여를 이끌어 낸다는 점에서 긍정적으로 평가되는 부분이기도 하지만, 다문화공생의 정책을 지역사회에 일임함으로써 발생하는 문제들에 대해 주목할 필요가 있다.

먼저, 2006년 「다문화공생 추진에 관한 연구회 보고서」의 관련 부분을 좀 더 살펴보자. 보고서에 따르면, 다문화 공생의 방향에 대하여 다음과 같이 서술하고 있다. "세계로 열린 지역사회 만들기의 추진으로 인해 지역사회가 활성화되면 지역산업, 경제진흥으로 이어진다. 나아가 다문화공생의 마을 만들기를 진행하면서 지역주민의 서로 다른 문화를 이해하려는 노력이 향상되고, 다른 문화와의 의사소통에 힘을 기울일 젊은 세대를 육성할 수 있다. 다양한 문화적 배경을 가진 주민이 공생하는 지역사회의 형성은 유니버설 디자인이라는 시점에서 마을 만들기를 추진하게 된다."[39]는 부분을 보면, 다문화공생을 지역 활성화와 마을 만들기를 연계하여 추진하려는 의도를 살펴볼 수 있다. 히구치는 이 점에 대해 다문화공생 개념이 공생의 단위인 문화를 국가의 편성원리로부터 분리시켜버렸다고 지적한다. 공생이 달성되어야 하는 단위가 지역사회가 되었기 때문에, 그 점에서 국가와 관련된 것들은 제외되어 외국인 문제는 결국 탈정치화되어간다[40]고 비판한다. 문화를 중심으로 하는 행사나 교류가 공생사회를 이루어가는 데에 커다란 역할을 해왔다는 것을 부정할 수는 없지만, 공생관계 속에 보이지 않는 차별의 구조와 인권의 문제 등이 무시될 수 있다는 점은 눈여겨봐야 할 부분이다.

그렇다면 공생하는 대상에 관한 문제는 어떠한지 살펴보자. 누구와의 공생인가를 생각해보면 자연스럽게 마조리티(majority)라고 하는 주체집단과 마이너리티라고 하는 타자집단과의 관계를 떠올릴 수 있다. 그런데, 공생의 대상이 되는 타자가 실은 다양한 집단이라는 점이다. 특히, 일본사회의 경우는 외부로부터 온 타자들뿐만 아니라 역사 속에서 형성되어 온 내부의 타자들이 존재해왔다. 그럼에도 다문화공생이 대상으로 삼고 있는 것이 뉴 커머의 외국인들에 한정되기에, 올드 커머라고 불리는 재일코리언들 뿐만이 아니라 일본 사회에서 사회적 약자로서 차별을 받아왔던 오키나와민족, 아이누민족, 피차별부락 출신자들의 존재는 공생의 대상이 되지 못한다. 일본 땅에서 함께 살아왔던 내부의 타자들은 불가시적인

---

39 総務省(2006)「多文化共生の推進に関する研究会報告書」, p.5.
40 히구치 나오토, 앞의 논문 p.8.

존재로 방치되어 있다.

그리고 무엇보다 지적할 점은 공생관계에서 늘 대상이 되어 온 것이 마이너리티인 타자들이었다는 사실이다. 대등한 관계의 공생관계를 구축하기 위해서는 마조리티라고 하는 주류집단도 대상이 되어야 한다. 지금까지의 다문화공생은 지역의 외국인들에게 지원을 하기 위한 시혜의 관점에서 시행되어 온 측면이 강하기 때문에 그러한 외국인들과 공생해야 할 마조리티가 대상이 된다는 인식이 없었다. 마조리티인 일본주민이 관계의 주체가 되기 때문에 주변적인 위치에 있는 사람들이 주류집단에 맞춰야 하고, 주류집단의 사람들과 주변부의 사람들이 만나서 교류를 하기 위한 불편함만 제거되면 된다는 인식이었다. 주류집단의 사람들에게는 의식을 계발하거나 관용을 베풀도록 요구되어왔을 뿐이다. 그 목적 또한 낯선 자들과의 공생에서 느끼는 불편함을 해소하기 위함이었고, 불거지기 쉬운 문제들을 해결하기 위한 측면이 더 크다고 할 수 있다. 이것은 다름 아닌 또 다른 동화주의의 모습이라고 할 수 있다. 그러나 이러한 한정된 사람들만을 대상으로 한다거나, 실제로 다양한 타자들과 공생을 해야 하는 마조리티의 주류집단을 공생정책의 대상으로 하지 않는 이상 진정한 공생을 기대하기 어려울 것이다.

5. 상생으로의 전환

앞에서 다문화공생 이념이 가지고 있는 논리적 모순들에 대하여

209

살펴보았다. 국적과 민족 등이 다른 사람들이 함께 살아간다는 공생의 개념에는 여전히 타자를 받아들이거나 타자에게 지원을 해주거나 혹은 타자를 관리한다는 의미가 작동되고 있었다. 그러한 타자는 대부분이 사회적 약자라는 점에서, 약자를 수용하거나 약자에게 은혜를 베푸는 것이 대등한 관계를 구축하면서 지역 사회의 구성원으로 함께 살아가는 것으로 인식되어 왔다. 그러한 인식의 바탕에는 타자와의 충돌을 피하고 타자와의 평화로운 공존 상태가 유지되면 된다고 하는 나름의 판단기준이 작동하고 있다. 그러나 평화로운 상태를 목적으로 하는 관계는 구조적으로 발생하는 본질적인 문제들을 은폐시킬 가능성이 크기 때문에 진정한 공생을 이루지 못한 채 단순히 함께 거주한다는 것에 지나지 않는다.

인간은 누구나 혼자서는 살아갈 수 없고 다른 누군가와 함께 사회를 이루며 살아가지 않으면 안되는 존재이다. 함께 살아간다는 공생의 개념은 인간 사회를 이루는 가장 기본적인 토대가 되고 존재의 원리가 된다. 그러나 단지 혼자가 아닌 누군가와 공생하면 된다는 소극적인 의미만으로는 다원성을 바탕으로 하는 이 사회에서 문제를 끌어안고 살아갈 수 밖에 없게 된다.

그렇다면 주체와 타자가 어울려 살아가는 발전적인 관계로 나아가기 위해서는 어떻게 해야 할 것인가. 이 점에 대해 필자는 공동체 속의 상생(相生)의 개념으로부터 생각해보고자 한다. 이근식은 공생하는 모든 존재가 서로 도우며 살아가기 위해 상생의 원리가 필요하다고 이야기한다. 상생의 원리란 자신만이 아니라 다른 사람을 비롯한 모든 존재의 소중함을 인정하고 자신의 권리와 똑같이 그들의 정당한 권리를 존중하면서 그들과 서로 도우며 함께 살아간다는 것이다. 즉, 공생하는 모든 존재가 서로 아끼면서 돕고 사는 것을 상생이라고 정의한다.[41] 또한, 최문연은 다문화 학습 주체의 갈등과 상생에 관한 자전적 생애사 연구에서 상생의 의미에 대해 다음과 같이 설명하고 있다. "상생은 '함께'라는 공동체적인 측면 속에서 '서로(相)'라는 나와 타자, 그리고 세계와의 긴밀한 상호관계성을 보다 중요시하는 개념으로 설명하고 있다. 다시 말해서 항상 타자, 세계와의 밀착 속에서 자신의 존재를 정립하는 것이다. 여기서 자신의 존재성은 타자를 통해서만 확보된다. (중략) 또한 서로를 살리는 '생(生)'은 상호작용을 통한 성장 및 발전을 뜻한다. 예를 들면 오행상생(五行相生)의 '행(行)'은 운동, 전환의 뜻을 의미하고 세계적 지평에서 만물의 형성 및 상호관계성을 설명한다."[42]이러한 상생의 개념에는 주체와 타자와의 주종관계는 존재하지 않는다. 주체는 타자를 통해서만 존재할 수 있고, 타자 또한 주체와의 관계를 통해 존재한다. 서로의 존재는 상호작용을 통한 서로의 발전을 위할 때 의미를 얻는다. 서로의 관계는 유동적이며, 상보적이라고 할 수 있다.

상생으로의 전환을 위해 중요한 관점을 제시하는 다음의 논고를 소개한다. 라의규는 자신의 논고에서 하나사키 고헤이의 문장을 인용하면서 한일 역사인식의 패러다임 전환을 위한 나와 타자와의

---

41 이근식(2009)『상생적 자유주의 — 자유, 평등, 상생과 사회발전』, 돌베개, pp. 141-142
42 최문연(2018)「다문화 학습 주체의 갈등-상생에 관한 자전적 생애사 연구」, 서울대학교대학원 박사학위논문, pp.157-158.

관계에 대해 설명하고 있다. 하나사키의 문장을 살펴보자. "타자의
시선에 비치는 '타자로서의 나'를 본질주의적 의미부여로부터 분
리하고, 자기 주체로서의 자유활동의 내적계기로 끌어가는 작업이
필요하게 된다. 그 작업은 나로서 내가 가지는 자기동일성을 파괴
하고, '타자로서의 나'와 '나로서의 나'에 대한 위화감과 갈등을 나
의 아이덴티티를 구성하는 언설로 삼아서 자리매김하는 작업이다.
그것은 '고유의 나는 다양한 관계성의 집합이다'라고 하는 내용을
더욱 심화하는 작업이다."⁴³ 하나사키는 나와 타자와의 관계에서
상생으로 나아갈 수 있는 매우 중요한 관점을 보여주고 있다. "나
로서 내가 가지는 자기동일성을 파괴하고, '타자로서의 나'와 '나
로서의 나'에 대한 위화감과 갈등을 나의 아이덴티티를 구성하는
언설로 삼는다"는 것은 자기 자신에 대한 자기동일성을 파괴해야
한다는 것을 의미한다. 그렇다면 자기동일성이란 무엇이고, 그것
은 왜 파괴되어야만 하는 것인가. 자기동일성은 자신이 속한 동질
의 집단 속에서 오랜 시간을 통해 형성되어 온 것으로, 과거의 자신
이 현재를 통해 미래에까지 계속 이어진다고 생각하는 자기 정체
성을 가리키는 것으로 해석할 수 있다. 이 자기동일성과 타자와의
관계에서 자기동일성이 강화될수록 거기에는 배제와 분리, 폭력이
발생할 가능성이 잠재되어 있다. 이도흠에 따르면 자기동일성이
형성되는 순간 세계는 동일성의 영토에 들어온 것과 그렇지 못한
것으로 나뉘게 된다. 자기동일성은 서로 다른 '차이'를 포섭하여

---

43 하나사키, 앞의 책, 2002, p.72.

212

이를 없애거나 없는 것처럼 꾸민다. 동일성은 인종, 종교, 이데올로기, 젠더, 다른 문화 등을 이유로 동일성에서 분리하여 타자로 규정하고 이들을 배제하고 폭력을 행사하면서 동일성을 강화하는 속성을 갖기 때문이다.[44] 그렇기 때문에 바로 그러한 자기동일성(자기 정체성)을 파괴해야 한다는 것이다. 하나사키의 이러한 개념은 주체에게 자기 정체성에 대한 파괴가 요구되는 적극적인 자세로서 앞에서 언급한 상생의 의미가 더욱 심화한 단계라고 할 수 있다. 그렇다면 "나의 아이덴티티를 구성하는 언설"은 무엇인가. 이점에 대하여 라의규는 문화의 대립 축에 있는 내셔널리티·젠더·어빌리티·에스니티 등의 다양한 관계성을 가진 집합에서 나의 아이덴티티를 자리매김하는 것이며, 자신과 타자와의 관계에서 자신이 얼마나 억압하는 측에 서 있는가를 자각하는 것이라고 설명한다. 그 자각으로부터 출발했을 때만이 타자로부터 부름을 받고, 자기를 파괴한 그 지점으로부터 새로운 아이덴티티를 만들어가는 과정을 통해 '타자'와 '연대'하여 가는 관계성을 창출해낸다.[45] 라의규의 설명에서 알 수 있듯이 하나사키의 사상은 공생을 넘어 상생을 실현하기 위해 주체의 각성과 해체를 요구한다. 또한, 주체의 자기해체를 통해 본질주의적 의미부여에서 분리되는 것에 머무르는 것이 아닌, 그러한 과정에서 주체가 느끼는 갈등과 위화감을 적극적으로 받아들여 오히려 자신의 아이덴티티를 구성하는 요소로 삼는

---

44 이도흠(2020) 「동아시아 문학에서 타자의 재현양상과 타자성의 구현 방안」, 한국언어문화학회학술대회 자료집, p.2.
45 羅義圭(2016) 「韓日歷史認識のパラダイム轉換―被害者から加害者としての考察」, 『日本近代学研究』 NO.53, p.245.

발전적인 태도를 보여주고 있다.

6. 맺음말

이상과 같이, 이 글에서는 일본 다문화공생 이념의 논리에 대하여 비판적 입장에서 검토해보았다. 공생의 기본적인 개념은 국적·민족·언어·문화가 서로 다른 사람들이 함께 살아간다는 의미를 담고 있다. 그런 점에서 일본의 다문화공생이 외국인을 단순히 지원의 대상으로만 보지 않고 공생의 대상으로 규정했다는 점은 일본의 외국인 수용정책에 커다란 전환점이 되었다고 평가할 수 있다. 그러나 일본 다문화사회의 형성배경과 특징을 살펴보고 다문화공생이념의 공생의 논리를 검토해본 결과, 실제로 공생의 의미에는 여전히 많은 문제를 내포하고 있다. 공생한다는 것은 단순히 같은 지역에 거주한다는 의미로 그것이 실현되는 것이 아니라 공생하는 사람들의 관계가 어떻게 형성되는가 하는 점이 매우 중요하다. 일본 다문화공생의 논리를 살펴보면, 서로 상생할 수 있는 대등한 관계가 언급에 그칠 뿐만 아니라 그 의미도 매우 모호하다. 이것을 해결하기 위해서는 주체와 타자와의 관계에서 주체의 자리를 내어주고, 자기동일성을 파괴하는 적극적인 주체의 참여가 요구된다는 것을 살펴볼 수 있었다.

한국 또한 저출산 고령화가 급속도로 진행되는 가운데, 국내 체류 외국인의 숫자가 증가하는 상황이다. 다문화사회로 빠르게 이행하고 있는 한국사회에서 다문화주의에 대한 이론적 검토와 사례 분석이 활발히 이루어지고 있다. 그러나 한편으로는 '다문화'를 둘러싼 다양한 문제들이 제기되고 있다. 실제로 '다문화', '다문화가정', '다문화아동' 등의 용어가 문화의 다양성을 인정하는 다문화주의의 진정한 의미로 사용되기보다는 오히려 차별적인 용어로 사용되고 있다. 그러한 가운데, 일본 지자체 중심의 다문화공생 사례가 국내에 소개되면서 그에 관한 관심이 점차로 높아지고 있다. 다문화사회로의 전환이 진행됨에 따라 여러 문제에 직면하고 있는 우리 사회에서도 다문화공생 개념에 대한 논의가 충분히 이루어져야 할 필요가 있다. 주체와 타자와의 관계, 마조리티와 마이너리티와의 관계가 어떻게 형성되는가는 중요한 관점이기 때문이다. 우리 사회가 타자를 받아들이는 데에 관용과 시혜의 차원에서 만족하며 낯선 이들과 평화로운 상황을 유지해가려고만 한다면 상생하는 사회의 실현은 더욱 요원하리라 생각한다.

| 참고문헌 |

권숙인(2009) 「일본의 '다민족·다문화화'와 일본연구」『일본연구논총』제29
　　　호.
김태식(2012) 「다문화주의의 한계와 대안 모색: 일본의 경험」『다문화와 인간』
　　　제1권 1호, 대구카톨릭대학교 다문화연구원.
中村廣司(2014) 「戦後の在日コリアン政策を通して見る日本の「多文化共生」イデオロ
　　　ギー―教育政策と市民運動を中心に―」『日本言語文化』27집, 한국일본언
　　　어문화학회.
中村廣司(2014) 「日本の「多文化共生」概念の批判的考察」『日語日文学研究』91집,
　　　한국일어일문학회.
양기호(2017) 「지방의 국제화에 나타난 일본의 중앙-지방 간 관계 지방정부의
　　　정책 리더십 재조명」『일본비평』16호, 서울대학교 일본연구소.
원숙연(2008) 「다문화주의 시대 소수자 정책의 차별적 포섭과 배제 : 외국인 대
　　　상 정책을 중심으로 한 탐색적 접근」『한국행정학보』제42권 3호.
이문식(2009)『상생적 자유주의―자유, 평등, 상생과 사회발전』, 돌베개.
이길용(2010) 「일본 사회의 다문화공생의 의미와 다문화공생사회로의 과제」
　　　『일본연구』28, 중앙대학교 일본연구소.
정미애(2010) 「일본의 외국인정책과 다문화공생정책의 간극」『의정논총』제5
　　　권 제2호.
정상우(2008) 「일본에서의 다문화사회 지원을 위한 조례 연구」『외국법제연구』
　　　Vol. 7.
최병두(2010) 「일본 '다문화공생' 정책과 지역사회의 지원 활동」『국토지리학
　　　회지』제44권 2호.
최병두(2011)『다문화 공생』, 푸른길.
최병두(2011) 「일본의 다문화사회로의 사회공간적 전환과정과 다문화공생 정
　　　책의 한계」『한국지역지리학회지』17(1).
켄트 파울린(2013) 「日本と多文化共生社会」『중앙대학교 문화콘텐츠기술연구
　　　원 학술대회자료집』, 중앙대학교 문화콘텐츠기술연구원.
市井三郎(2004)『思想からみた明治維新―「明治維新」の哲学』, 講談社学術文庫 1637.
塩原良和(2019) 「分断社会における排外主義と多文化共生―日本とオーストラリアを

中心に一」『クァドランテ』21, 東京外国語大学海外事情研究所.

徐京植(2000)『断絶の世紀証言の時代―戦争の記憶をめぐる対話』, 岩波書店.

花崎皋平(2001)『[増補]アイデンティティと共生の哲学』, 平凡社.

花崎皋平(2002)『共生への触発―脱植民化・多文化・倫理をめぐって』, みすず書房.

朴鐘碩・上野千鶴子他(2008)『日本における多文化共生とは何か-在日の経験から』, 新曜社.

樋口直人(2010)「多文化共生」再考―ポスト共生に向けた試論一」『大阪経済法科大学アジア太平洋研究センター年報』(7).

山根俊彦(2017)「「多文化共生」という言葉の生成と意味の変容―「多文化共生」を問い直す手がかりとして」『常盤台人間文化論叢』3.

米山リサ(2003)『暴力・戦争・リドレス―多文化主義のポリティクス』, 岩波書店.

羅義圭(2016)「韓日歴史認識のパラダイム転換―被害者から加害者としての考察」『日本近代学研究』NO.53.

羅義圭(2020)「日本社会で「多文化主義」を考察する意義」『筑紫女学園大学研究紀要』15号.

総務省(2006.3)「多文化共生の推進に関する研究会報告書: 地域における多文化共生の推進に向けて」.

원고 초출

제1장 여성의 신체에 대한 담론의 구조   이경화
       일본 신화와 부정관설화를 중심으로

「여성의 신체에 대한 담론의 구조-일본 신화와 부정관설화를 중심으로-」『日本語文學』제96집, 일본어문학회, 2022년 2월.

제2장 세미마루 전승 고찰   김영주
       장애에 대한 사회의식을 중심으로

「세미마루 전승 고찰: 장애에 대한 사회의식을 중심으로」『비교문학』제82집, 한국비교문학학회, 2020년 10월.

제3장 사회적 차별과 서벌턴(나가사키 피폭자)   오성숙
       가톨릭 신자 나가이 다카시(永井隆)의『나가사키의 종(長崎の鐘)』을
       중심으로

「사회적 차별과 서벌턴(나가사키 피폭자)-가톨릭 신자 나가이 다카시(永井隆)의『나가사키의 종(長崎の鐘)』을 중심으로-」『日本思想』제41호, 한국일본사상사학회, 2021년 12월.

제4장 히로시마·나가사키의 피폭 조선인 표상   강소영
       '까마귀'를 중심으로

「히로시마·나가사키의 피폭 조선인 표상-'까마귀'를 중심으로-」『일본사상』제41호, 한국일본사상사학회, 2021년 12월.

제5장　일본 시민단체 '제로 회의'의 아동학대 가해 부모　　　　금영진
　　　　지원방식을 통해 본 서벌턴 상생의 가능성

「일본시민단체 '제로 회의'의 아동학대 가해 부모 지원방식을 통해 본 서벌턴 상생의 가능성」『日本學硏究』第64輯, 단국대학교 일본연구소, 2021년 9월.

제6장　서벌턴으로서의 '재한 일본인처'　　　　　　　　　　이권희

「서벌턴으로서의 '재한 일본인처'에 관한 고찰」『日本思想』제40호, 한국일본사상사학회, 2021년 6월.

제7장　일본 다문화공생 이념의 논리와 상생으로의 전환　　　김경희

「일본 다문화공생 이념의 논리와 상생으로의 전환」『日本學硏究』제61집, 단국대학교 일본연구소, 2020년 9월.

저자약력

이 경 화

한국외국어대학 일본어과를 졸업하고 동 대학원에서 문학박사를 취득했다. 현재 한국외국어대학교 등에서 강사로 재직 중이다. 주요 저서로『의식주로 읽는 일본문화』,『동식물로 읽는 일본문화』, 공역서로는『우지 습유 모노가타리』,『사이카쿠의 여러 지방 이야기』등의 공저가 있다.

김 영 주

한국외국어대학 일본어과를 졸업하고 일본 릿쿄대학에서 문학박사를 취득했다. 일본고전문학(신화 설화) 전공. 현재 한국외국어대학교 등에서 강사로 재직 중이다. 옮긴 책으로『숲에서 자본주의를 껴안다』,『지금 다시, 칼 폴라니』,『인구감소사회는 위험하다는 착각』등이 있고, 주요 논문으로「일본 중세신화 연구－신공황후신화를 중심으로－」등이 있다.

오 성 숙

일본 쓰쿠바대 문학박사 취득, 한국외국어대학교 일본연구소 전임연구원. 일본근현대문학, 문화, 미디어를 전공하고 현재는 중일전쟁기과 아시아・태평양전쟁기, 점령기의 '전쟁과 여성, 폭력', '문학과 전쟁책임', '피폭자'에 관심을 갖고 연구하고 있다. 주요 논문으로는「요시야 노부코 문학의 전쟁책임－'전쟁미망인'을 둘러싼 담론을 중심으로－」(2017.3),「패전・점령의 여성해방과 가스토리 잡지 시대」(2020.12),「문화권력과 서벌턴 피폭자 문학」(2022.4) 등을 비롯하여, 공저『일본근현대문학과 전쟁』(2016), 공역『전쟁과 검열』(2017)과 역서『일본 근현대 여성문학 선집 16 오타 요코』(2019) 등이 있다.

강 소 영

한국외국어대학교 일본어과를 졸업하고 동대학원에서 일본근대문학을 전공했다. 오사카대학교 대학원 문학 연구과에서 문화 표현론 전공(한일비교문학 전문분야)으로 문학박사 학위를 취득한 후 줄곧 '한일비교문학・비교문화' 관련 연구와 교육을 해왔다. 현재 한국외국어대학교 일본연구소 전임연구원. 주요 논문으로는「'조선색'과 문화적 인종주의－『조선고유색사전』(1932) 분석

221

을 통하여-」, 「'불령선인(不逞鮮人)의 소환과 문화적 인종주의」, 「일본인 '위안부' 피해자의 말하기-시로타 스즈코(城田すず子)의 텍스트를 통해-」 등이 있다.

금 영 진

한국외국어대학교 일본어과 졸업 후 동 대학원 일어일문학과 석사과정 수료. 일본 규슈대학 대학원 인문과학부 국문학 석사 및 박사과정 수료 후 릿쿄대학 일본학 연구소 및 일본학술진흥회 외국인 특별 연구원. 현재 한국외국어대학교 일본언어문화학부 강의중심교수로 재직중이다. 저서로『東アジア笑話比較研究』(勉誠出版, 2012)가 있고『東アジアの古典文学における笑話』(新葉館出版, 2017),『東アジアに共有される文学世界-東アジアの文学圏-』(文学通信, 2021)등을 함께 썼다.

이 권 희

한국외국어대학교 대학원 일어일문학과를 졸업하고 일본 도쿄대학 총합문화 대학원 비교문학비교문화 과정에서 석·박사과정을 수료했다. 현재 한국외국어대학교 융합일본지역학부 특임강의교수. 근대기 일본 국민국가 형성 과정에 있어 교육의 역할을 제도의 분석과 교육사상적 접근을 통해 규명하는 작업에 주력하고 있다.『古事記 왕권의 내러티브와 가요』(제이엔씨, 2010),『근대 일본의 국민국가 형성과 교육』(케포이북스, 2013)『국가와 교육』(케포이북스, 2017) 등, 다수의 저·역서와 논문을 발표했다.

김 경 희

일본 쓰쿠바대학에서 문학박사를 취득하고 현재는 한국외국어대학교 미네르바 교양대학에서 조교수로 재직 중이다. 일본 괴담소설과 하이카이를 전공하였고, 한일 대중문화콘텐츠 분야로 연구의 관심을 넓혀가고 있다. 대표 논저로『요괴: 또 하나의 일본의 문화코드』(역락, 2019),『한일 고전문학 속 비일상 체험과 일상성 회복-파괴된 인륜, 문학적 아노미』(제이앤씨, 2017),『공간으로 읽는 일본고전문학』(제이앤씨, 2013),『그로테스크로 읽는 일본문화』(책세상, 2008) 등을 함께 썼다.

이 저서는 2019년 대한민국 교육부와 한국연구재단의 지원을 받아
수행된 연구임.(NRF-2019S1A5C2A02081178)

일본 사회의 서벌턴 연구 2
사회권력과 서벌턴

초 판 인 쇄	2022년 06월 03일
초 판 발 행	2022년 06월 10일
저　　　　자	이경화 · 김영주 · 오성숙 · 강소영 금영진 · 이권희 · 김경희
발 행 인	윤석현
발 행 처	제이앤씨
책 임 편 집	최인노
등 록 번 호	제7-220호
우 편 주 소	서울시 도봉구 우이천로 353 성주빌딩
대 표 전 화	02) 992 / 3253
전　　　　송	02) 991 / 1285
홈 페 이 지	http://jncbms.co.kr
전 자 우 편	jncbook@hanmail.net

ⓒ 이경화 외 2022 Printed in KOREA.

ISBN 979-11-5917-213-7　94300　　　　　　　정가 15,000원
　　　979-11-5917-211-3　(set)